文字烛照未来
TopBook

游牧文明与中华史

NOMADIC CIVILIZATION AND CHINESE HISTORY

突厥汗国

（中国台湾）刘学铫

著

Top Book
饕书客

陕西新华出版
陕西人民出版社

图书在版编目（CIP）数据

突厥汗国 / 刘学铫著 .—西安：陕西人民出版社，2018

（游牧文明与中华史）

ISBN 978-7-224-12663-1

Ⅰ.①突… Ⅱ.①刘… Ⅲ.①突厥—民族历史—研究 Ⅳ.①K289

中国版本图书馆 CIP 数据核字（2018）第 031797 号

著作权合同登记号图字：25－2018－117

出 品 人：惠西平
总 策 划：宋亚萍
出版统筹：韩　琳
策划编辑：王　倩　张启阳
责任编辑：王　凌　关　宁
整体设计：哲　峰

TopBook 饕书客

突厥汗国

作　　者　（中国台湾）刘学铫
出版发行　陕西新华出版社传媒集团　陕西人民出版社
　　　　　（西安北大街 147 号　邮编：710003）
印　　刷　陕西金和印务有限公司
开　　本　787mm×1092mm　16 开　14.25 印张
字　　数　180 千字
版　　次　2019 年 1 月第 1 版　2025 年 9 月第 4 次印刷
书　　号　ISBN 978-7-224-12663-1
定　　价　45.00 元

前 言

从秦统一华夏（前221）到清逊帝宣布退位（1911），其间共两千一百三十二年。在这两千多年里，朝代、政权更迭频繁，粗略估算一下，总共有六七十个朝代或政权。

请看：秦、西汉、东汉、三国（魏、蜀、吴）、西晋、东晋、五胡十六国［汉（前赵）、成（成汉）、后赵（魏）、前燕、前秦、成汉、后燕、北燕、南燕、前凉、南凉、西凉、北凉、后凉、西秦、夏］、南朝（宋、齐、梁、陈）、北朝（北魏、东魏、西魏、北齐、北周）、隋、唐、五代（后梁、后唐、后晋、后汉、后周）、十国（前蜀、吴越、南汉、吴、闽、后蜀、南唐、荆南、楚、北汉）、北宋、南宋、辽、金、西夏、元、明、南明、清；而吐蕃王朝、高昌麹氏王朝、回纥汗国等都还没有计算在内。

上面所提到的这六七十个王朝或政权，国祚超过两百年的只有五个，分别是西汉（前206—25，共231年）、唐（618—907，共290年）、辽（907—1125，共219年）、明（1368—1644，共277年）及清（1616—1911，共296年）。

在这五个朝代里，如果从民族的成分来看，唐朝的建国者李氏家族是胡是汉向来是史学界争论的焦点。李渊的先人曾在鲜卑族宇文氏的北周时被赐姓“大野”氏，而高车族（也就是铁勒、敕勒）中也有大野氏，可见李氏一族有着浓厚的少数民族血统。明朝的创建者乃是古往今来许多民族混融后的汉人。至于建立辽朝的契丹族以及建立清朝的女真族（后来称为满族），则是不折不扣的少数民族。如此看来，中国历史是由多民族共同构建而成的。

以往撰写、诠释历史之人，往往对少数民族的史事一笔带过，而且经常以汉人的观点来叙述。所以，打开二十四史或其他私家撰著的历史文献，对少数民族的描述总是以对立面的文字出现，真是何其不公平。

本书希望能开史家之先河，以客观公正为执笔标准，力求展现这些建立草原帝国的民族之历史。

目录

第一章

突厥的源起

北亚草原概况

在北亚的广袤空间中，除了极少数的河流，绝大部分为草原和沙漠。北亚是地球上的干旱地区之一，冬严寒，夏酷暑，草原风景优美。从民谣《敕勒歌》“敕勒川，阴山下。天似穹庐，笼盖四野。天苍苍，野茫茫，风吹草低见牛羊”，就可想见这是一片令人向往的牧野风光。而居住在这里的草原游牧民族能歌善舞，歌声嘹亮高亢，舞步轻巧豪迈。

北亚向来是游牧民族活动的空间。自古以来，在这片茫茫草原上，北狄、匈奴、东胡、鲜卑、乌桓（丸）、柔然、突厥、高车（即丁零，又称铁勒、敕勒）、回纥、契丹、女真、蒙古等游牧民族相继崛起。

第一个跃登世界历史舞台的北亚游牧民族是曾经令西方世界惊恐不已的匈奴。但从五胡十六国时代之后，匈奴民族就从历史舞台上消失了，给西方世界留下永难磨灭的“上帝之鞭”的印象。五胡十六国时代，另一支源于北亚草原的民族——突厥，登上了历史舞台，展现了无限活力，如一头睡醒的雄狮在广阔无垠的草原上驰骋，于北亚创建了强大的突厥汗国。连后来威震北亚的唐朝，在李渊起事之初也曾向突厥称臣，希望得到突厥的协助，完成建国大业，可见当时突厥声威之盛。

“西域”与“北亚”

一般人对“西域”一词的了解始于张骞出使西域，但是西域仍然是一个模糊的称谓，从字面意义理解是指“中国西边的某些地方”，但并没有具体指出是哪些地方。从历史文献中大致可以看出“西域”有广义和狭义之分：狭义的西域是指今新疆天山南北；广义的西域则指除了天山南北之外，还包括今天的中亚地区，甚至把欧洲也包含在内。西域一词尚有很大的商讨空间。

近代中外学界从地理方面来考量，大致上把东起大兴安岭西端，西抵里海周边，南起万里长城一线，北至西伯利亚南缘的这一大片空间称为北亚。联合国教科文组织对“中亚”一词的界定和北亚的范围几乎一致，因此北亚或中亚的定义中，包括了原来广义的、狭义的西域。

突厥起源之说

每一个民族都有关于本民族起源近似神话的传说，正如华夏民族自称是炎黄子孙、龙的传人，突厥也有关于民族起源的传说，但突厥民族使用文字的时间比较晚，较早的资料只能在汉文史料中寻得。“突厥”一词最早出现于唐代令狐德棻等人所编撰的《周书·宇文测传》：“（西魏文帝大统）八年（542），加金紫光禄大夫，转行绥州事。（其时）每岁河冰合后，突厥即来寇掠……”

《周书》之后，《北史》《隋书》等史书以及唐代段成式的私家笔记《酉阳杂俎》，也都记载了突厥的源起。唐以后的文献虽然也多次提到突厥，但基本上都没有超出上面这几部文献的范围。笔者综观以上三部史书以及一本私家笔记，整理出突厥源起有以下五种说法。

一、“狼的子孙”说

突厥民族为何认为自己是狼的子孙呢？

在广袤的北亚草原上有数不清的物种，在这些动物中，狼是最具智慧的群居性物种，在草原上充满传奇性，受到诸多游牧民族的重视和敬畏。突厥民族以狼作为民族起源的图腾，应该是受居住地区自然环境的影响而形成的观念。

从这一角度看，《北史》《隋书》等史书中记载突厥民族源于狼也不足为奇。

以唐代李延寿的《北史》为例，原文如下：

突厥者，其先居西海之右，独为部落，盖匈奴之别种也。姓阿史那氏。后为邻国所破，尽灭其族。有一儿，年且十岁，兵人见其小，不忍杀之，乃刖足，断其臂，弃草泽中。有牝狼以肉饵之，及长，与狼交合，遂有孕焉。彼王闻此儿尚在，重遣杀之，使者见在狼侧，并欲杀狼。于时若有神物，投狼于西海之东，落高昌国西北山，山有洞穴，穴内有平壤茂草，周回数百里，四面俱山，狼匿其中，遂生十男。十男长，外托妻孕，其后各为一姓，阿史那即其一也，最贤，遂为君长，故牙门建狼头纛，示不忘本也。渐至数百家，经数世，有阿贤设者，率部落出穴中，臣于蠕蠕。

《隋书》大致与《北史》相同，只是没有“盖匈奴之别种也”这一句。这种起源传说，与西汉时乌孙的传说有一些相同。在茫茫大草原中，各民族经过彼此的交往，各自的传说、语言、风俗习惯等互相影响，突厥民族起源于狼或多或少受到了乌孙的影响。而关于突厥的民族起源神话多少也影响到后来蒙古族的“苍狼白鹿”说。即使是今天，中亚各民族对狼仍然充满了敬畏之情。

二、“索国之狼”说

唐代令狐德棻等人所撰的《周书》对突厥的源起记载如下：

突厥之先，出于索国，在匈奴之北，其部落大人曰阿谤步，兄弟十七人，其一曰伊质泥师都，狼所生也。谤步等性并愚痴，国遂被灭。泥师都既别感异气，能征召风雨，娶二妻，云是夏神、冬神之女也。一孕而生四男，其一变为白鸿；其一国于阿辅水、剑水之间，号为契骨；其一国于处折水；其一践斯处折施山，即其大儿也。山上仍有阿谤步种类，并多寒露，大儿为出火温养之，咸得全济，遂共奉大儿为主，号为突厥，即纳都六设也。都六有十妻，所生子皆以母族姓，阿史那是其小妻之子也。都六死，十母子内欲择立一人，乃相率于大树下，共为约曰：向树跳跃，能最高者，即推立之。阿史那子年幼，而跳最高，诸子遂奉以为主，号阿贤设。

这个说法需要先确定在匈奴北方的索国究竟有没有存在过。近代一些中、日学者如马长寿、松田寿男等人都认为索国就是高车，因此推断出突厥源于高车的说法。如果仅凭《周书》“突厥之先，出于索国”一句话就断定突厥出于索国，然后再推断出突厥是高车一支，实在难以令人信服，因为《周书》既没有提出任何证据证明突厥出于索国，也无法证明索国就是高车，所以突厥源于高车这一说法还有很大的讨论空间。

不管是否源于高车，《周书》里突厥对狼的情有独钟与《北史》不谋而合，可见突厥民族以狼为图腾应该是流传已久了。

三、“平凉杂胡”说

唐代的长孙无忌等人所纂修的《隋书》对突厥的祖先有以下描述：

> 突厥之先，平凉杂胡也，姓阿史那氏。后（北）魏太武（帝）灭沮渠氏，阿史那以五百家奔茹茹，世居金山，工于铁作。金山状如兜鍪，俗呼兜鍪为突厥，因以为号。

另外《周书》《北史》也都记载：“金山形似兜鍪，其俗谓兜鍪为突厥，遂因以为号焉。”“兜鍪”的意思是“钢盔”。所谓金山，就是今内蒙古、新疆之间的阿尔泰山。“突厥之先，平凉杂胡也”指出突厥之前是平凉（即北方）地区少数民族的一种，这种说法与西方学者巴克（Edward Harper Parker）所著的《鞑靼千年史》相同，将中国北方所有的游牧民族都称为鞑靼。《周书》称突厥源于平凉杂胡，五胡十六国时代主要的少数民族有：匈奴、鲜卑、羯、氐、羌、泸水胡、稽胡、高车等，其他不易辨识的少数民族，就以“杂胡”称之。

四、“海神后裔”说

唐代段成式的《酉阳杂俎·卷四》中提到突厥的起源：

> 突厥之先，曰射摩舍利海神，神在阿史德窟西。射摩有神异。

又海神女每日暮，以白鹿迎射摩入海，至明送出。经数十年，后部落将大猎。至夜中，海神谓射摩曰：明日猎时，尔上代所生之窟，当有金角白鹿出。尔若射中此鹿，毕形与吾来往；或射不中，即缘绝矣。至明入围，果所生窟中有金角鹿起，射摩遣其左右固其围。（此处疑有脱文）将跳出圈，遂杀之。射摩怒，遂手斩呵尔首领，仍誓之曰：自杀此之后，须人祭天，即取呵尔部落子孙斩之以祭也。至今突厥以人祭纛，常取呵尔部落用之。射摩既斩呵尔，至暮还，海神女报射摩曰：尔手斩人，血气腥秽，因缘绝矣。

段成式认为突厥是海神射摩舍利的后裔，却没有提出任何佐证。在亚洲大陆内部能够称得上“海”的湖，似乎只有里海、咸海，再勉强些则有伊塞克湖[①]，如果以突厥起源地的阿尔泰山而言，伊塞克湖在地理位置上相当符合，可惜历史文献对伊塞克湖的记载不多，不知道是否有伊塞克湖之神，而这个神是否叫射摩舍利，当然就更不可考了。如果这个海指的是咸海，则位置太靠西，何况咸海周边是古塞种人的活动空间，突厥在那里难以发展，更别说强大了。且“海神后裔”说提到阿史德，而阿史那氏才是突厥一系的主体，所以这个说法可以暂不讨论。

五、“高昌北山狼裔”说

该说法出于《周书》：

突厥者，盖匈奴之别种，姓阿史那氏，别为部落。后为邻国所破，尽灭其族。有一儿，年且十岁，兵人见其小，不忍杀之。乃刖其足，弃草泽中。有牝狼以肉饲之，及长，与狼合，遂有

① 位于今天山山脉北侧，因其湖水冬不结冰，而有热海之称。

孕焉。彼王闻此儿尚在，重遣杀之，使者见在狼侧，并欲杀狼。狼遂逃于高昌国之北山，山有洞穴，穴内有平壤茂草，周回数百里，四面俱山，狼匿其中，遂生十男。十男长，外托妻孕，其后各为一姓，阿史那即其一。子孙蕃育，渐至数百家，经数世，相与出穴，臣于茹茹（即柔然，或称蠕蠕），居金山之阳，为茹茹铁工。金山形似兜鍪，其俗谓兜鍪为突厥，遂因以为号焉。

《周书》之说与《北史》几无二致，连文字也几乎相同，所不同的是，《周书》明确指出已经怀孕的母狼逃到高昌（今新疆维吾尔自治区吐鲁番市）北山，但又少了西海之东。《北史》所说的“投狼于西海之东，落高昌国西北山”，如果西海是指伊塞克湖，那么从伊塞克湖到高昌范围未免也太大了，如果西海指的是咸海，那就更不合理了。《周书》之说与《北史》相同，可能是采用了突厥民间流传的民族起源说。

以上所引各种史料或文献对突厥起源的说法，此处以列表的方式加

新疆吐鲁番高昌故城

以整理，更能一目了然。

突厥起源列表

起源说类别	推估出现年代	发源地	所在地区
“狼的子孙”说	前 7 世纪至前 3 世纪	西海之右	西方
“索国之狼”说	前 2 世纪至 2 世纪	漠北索国	北方
“平凉杂胡”说	4 世纪	河西走廊	南方
“海神后裔”说	不详，且所提到的阿史德氏非阿史那氏	可能为伊塞克湖	
“高昌北山狼裔”说	4 世纪至 5 世纪	高昌北山	西北

从突厥起源的列表中，我们可以看到，从时间上说，突厥的发源时间自公元前 7 世纪到 5 世纪，前后跨越了十二个世纪。从空间上说，突厥民族的发源地南起河西走廊，北至漠北，西则要先对西海的定位做个决定。西海从最西边的里海，向东而至咸海，最东也只能到伊塞克湖，这么大的空间都可能是突厥的发源地，因此很难明确指出突厥民族的最初发源地是哪里。上述五种说法像是提供了五个线索，需要我们把这些线索串联起来再加以探讨和研究。

浅析突厥种族

北亚草原广袤无垠，分布着许多逐水草而居的游牧民族，各民族互相争执混融，加上草原游牧民族崇尚武力，只要某一民族或部落力量强大，邻近的民族或部落就都自称是这一民族。更何况各民族的语言或习俗彼此互相混融，要严格界定某一民族的承袭延续，几乎是不可能的。如果能在这种认知下再来看北亚西部的情形，对突厥的源起就可能会有比较清晰的了解。

依照《北史》的记载，所谓“西海之右”的西海，如果是指咸海，则西方史料记载，咸海之西是高加索种的斯基塞种人中的马塞盖特人部落。希腊人所说的斯基塞人就是波斯人所说的塞加人，也就是中国史料中的塞种人。古希腊历史家希罗多德在其所著的《历史》一书中，记载了塞种人的服饰是：“属于斯基泰人相同的塞加人戴着一种高帽子，帽子又直又硬，顶头的地方是尖的……他们称之为撒伽司的战斧。”而突厥人也是这一身打扮。

在风俗习惯上，突厥人和塞种人也有许多相似之处。北宋乐史所编著的《太平寰宇记》称突厥人“饮马酪为酒取醉，欢呼相对”。美国史学家麦高文也说今中亚塞种人后裔的习惯是“比较少饮新鲜的乳。无疑地，鲜乳主要是供给幼童和病人的。一种发酵的马奶，吃的人很多，成为最重要的日常食品”。①

早在西汉初期，西汉即以细君公主嫁与乌孙昆莫（乌孙领袖的称呼），乌孙就是塞种人。细君公主感觉异域生活跟中原大不相同，曾咏叹一首诗，这首诗被称为《细君公主歌》，全诗共六句：

吾家嫁我兮天一方，
远托异国兮乌孙王；
穹庐为室兮旃为墙，
以肉为食兮酪为浆；
常思汉土兮心内伤，
愿为黄鹄兮归故乡。

诗中的“以肉为食兮酪为浆”说的就是吃肉喝马奶。所以，在风俗习惯上，突厥跟塞种人比较接近。

① 见麦高文：《中亚古国史》，章巽译本。

突厥人的外貌特征

阿史那氏最初可能聚居在阿尔泰山西边，该处原是塞种人的势力范围，所以突厥阿史那氏或多或少具有塞种人的血统。

塞种人具有西方白种人的体质特征，即“深目、高鼻、多须”。《周书·突厥传》记载，突厥木杆可汗的容貌“状貌多奇异，面广尺余，其色甚赤，眼若琉璃”。木杆可汗是阿史那氏，他的相貌特征几乎跟塞种人差不多。

后来突厥可汗多与东方蒙古利亚人种各民族女子通婚。蒙古利亚种泛指黄种人，包含华夏系的汉族人，突厥可汗后代的容貌因此多接近东方人。到了第八代可汗阿史那思摩，因为他长得像西域胡人，所以有人认为他不是阿史那氏的后裔，因此在处罗可汗、颉利可汗时只能做到夹毕特勤（官名），而无法当上掌有兵权的“设”（官名）。殊不知阿史那思摩的长相才是最原始的突厥人的长相。

从语言上看，突厥人也借用部分高加索白种人的印欧语系中的东伊朗语及古波斯语。如“突厥可汗阿史那氏”，据学者研究，“阿史那”一词是古塞种人“Asana”的音译，意思是“价值”或“有价值的”，进而可以引申为“高贵”。阿史那氏既然统一了突厥各部落，建立政权成为领导者，那么以“阿史那”为姓就是可以理解的。《旧唐书》中，狄仁杰就曾说阿史那氏是“阴山贵种”。阿史那氏先人有名叫伊质泥师都[①]的，而西汉时，武帝命李广利攻打大宛都城贰师（Osh，今称奥什，在今

① 见前文“索国之狼”说，引《周书》。

突厥武士服装复原图

见于内蒙古呼和浩特昭君墓（昭君博物馆）匈奴文化博物馆

吉尔吉斯斯坦西北），所以任李广利为贰师将军，这里的贰师就是泥师。又如古波斯人称狼为 b·ri，而突厥人称狼为“附离”，可见突厥语中确实有若干语汇源自高加索白种人的语言。

上面列举了服饰、习俗与语汇等例证，但还不能由此完全断定突厥源于塞种人。自大兴安岭以西到里海周边，无论气候还是地形地貌，都相当接近，人类生存空间的条件往往决定其生活方式。至于语言，只要两个民族有了接触，多少都会借用彼此语汇。所以要探讨突厥族的起源，必须另行寻找证据。

突厥究竟是历史上哪一个民族的后裔，直到今日仍没有一个学术界能普遍接受的说法。不过可以肯定的是，在没有更多确凿证据之前，先不必急于做出结论。待将来有足够的证据时，再做修正不迟。

早期突厥与各族的关系

任何民族在发展的过程中都会不可避免地与邻近的民族发生联系，无论在血缘、文化习俗乃至语言上，都会互相影响。突厥也曾与周边各民族产生互动。我们可以根据有关文献来看看早期突厥和其他民族的互动关系。

一、突厥与匈奴的关系

匈奴是中国最早有文献记载的北方游牧民族。秦汉之际（公元前3世纪），匈奴在冒顿单于的带领下崛起，到东汉时被窦宪打跑，前后延续长达三百年之久。

匈奴鼎盛时期曾统辖长城以北，东起大兴安岭西侧，西到中亚撒马尔罕（今乌兹别克斯坦东南）一带。突厥的起源之地正在匈奴控制之下，突厥祖先受匈奴影响很大，《周书·突厥传》中说："突厥者，盖匈奴之别种，姓阿史那氏，别为部落。"这段记载指出突厥是匈奴的"别部"，等于说突厥不是匈奴，但受匈奴统治，是个小部落，姓阿史那氏。

二、突厥与高车系各民族的关系

匈奴鼎盛时期，高车、突厥都是被匈奴统治的民族。一旦匈奴国力衰弱，这些被奴役的民族便奋起反抗，在反抗匈奴的诸多民族中，突厥的先人也参与在内。

汉武帝即位后，对匈奴大兴战事。经过几十年的征战，匈奴实力已大不如前，之后又遭逢天灾，受到了巨大损失。西汉宣帝本始二年（前72），西汉联合乌孙讨伐匈奴大胜。匈奴对强大的汉朝无可奈何，只能反击乌孙，于是就在次年，“（匈奴）单于自将万骑击乌孙……丁令（即丁零，也就是高车）乘弱攻其北，乌桓入其东，乌孙击其西。凡三国所杀数万级，马数万匹，牛、羊甚众，又重以饿死，人民死者什三，畜产什五，匈奴大虚弱，诸国羁属者皆瓦解，攻盗不能理。”（《汉书·匈奴传》）突厥的先人很可能就参与了那次作战。

经过各族的反叛之后，匈奴内部趋向分裂，大约在西汉宣帝甘露元年（前53），匈奴分裂为南、北两部，南匈奴附汉，北匈奴向北迁徙，再度征服各族。后来北匈奴内部发生争夺单于宝座的内讧，实力削弱。被北匈奴征服的各族再度起来反抗，高车南下讨北匈奴，鲜卑也起兵东征，西域各国更认为机不可失，于是发兵西侵匈奴。汉朝也趁机协助南匈奴率兵北伐，北匈奴向西逃亡，最后不知所终。从以上这段历史过程看，突厥与高车系各民族之间的关系，可以说是反抗匈奴统治的盟友之谊。

丁零系各民族是许多部落的联盟，先秦时期主要聚居在今天贝加尔湖东西两边。后代学者称贝加尔湖以东地区的为东丁零；贝加尔湖以西向西延伸到今天锡尔河以北一带，与塞种人混杂而居的被称为西丁零。还有少部分进入中原地区，华夏民族称之为“狄”，其中身材高挑者称为“长狄”，皮肤白皙者称为“白狄”。到了五胡十六国时代，称之为敕勒、铁勒，因为他们习惯驾驶高轮车，所以又称之为高车。

在五胡十六国时期，丁零曾一度聚居在今天内蒙古自治区呼和浩特到包头一带，所以这一大片草原地区就叫敕勒川。丁零其中一部成为隋唐时代的回纥，后来改称回鹘，宋元时期称畏兀，也就是今天的维吾尔族。

三、突厥与契骨的关系

突厥不仅和契骨通婚，在生产技术上也互相影响。契骨聚居地区盛产铁矿，据《新唐书・黠戛斯传》所载，其地“每有雨，俗必得铁，号迦沙，为兵绝犀利，常以输突厥”。突厥曾经是柔然的“锻奴”，为柔然打造以铁器为主的兵器。契骨也精于打造兵器，又供应突厥兵器，彼此必然互相交流锻造兵器的技术，可见契骨跟突厥在很大程度上相互依赖。

从以上各点来看，突厥民族和匈奴一样，是由许多民族共同结盟而成的一个部落联盟，突厥是这个联盟中力量较大的一支，其他联盟成员就自称是突厥族。在草原上想寻找一支血缘单一的民族几乎是不可能的。

四、突厥屈于柔然之论

在前文关于突厥起源所引的几项史料中，几乎都提到突厥祖先被邻国所灭，只留下一个小孩，被狼所救，狼又把小孩置于高昌西北山中，而后才发展成为部落。

高昌这个地名的出现不会早于汉代，所以有人推测，汉时匈奴击破突厥祖先，突厥人于是藏匿在高昌西北山中。而高昌西北山既可能是现在的天山，也可能是现在的阿尔泰山。突厥在这座山中繁衍后代，渐成部落，所以《隋书》才说突厥人“世居金山”。今天中亚伊塞克湖向东直到贝尔湖一带均属乌拉尔—阿尔泰语系，使用阿尔泰语系各种语言的民族聚居其间，突厥是分布在这个地区的一个小部落。

两汉时期，匈奴在这个地区始终占有优势，统领突厥。东汉中叶后，南匈奴降汉，北匈奴被窦宪打得“不知所终”，高车、契丹、突厥才有机会摆脱匈奴的控制。后来鲜卑、柔然崛起，柔然逐渐成为漠北强权，到了五胡十六国晚期，突厥成为北凉（由沮渠蒙逊所建的政权）控制下的一个小部落。据《隋书》记载，北魏消灭北凉时，突厥在部落酋长阿史那氏的率领下，带五百家投奔了柔然。

北魏是在5世纪中叶灭掉北凉的，突厥如果曾为北凉附庸，那么在《晋书》等相关史书中一定会有所记载，可是我们至今尚未发现。这个说法的时间太晚，可信度不高，可能在这之前若干年，突厥已经被柔然征服，成为柔然的“锻奴”。

可以确定的是，突厥曾经被柔然奴役过。

五、突厥被统治的推论

据《汉书·匈奴传》记载，冒顿单于时期，匈奴实力空前强大，“控弦之士三十余万”，又“北服浑窳、屈射、丁零（即高车）、隔昆、龙新犁之国”。

高车就是隋唐时期的回纥；隔昆（又称坚昆）唐时称黠戛斯，即今吉尔吉斯斯坦；龙新犁经许多学者专家考证，就是后来的鲜卑；至于浑窳和屈射，其中之一会不会就是突厥的前身呢？如果这个说法可信，就可将突厥的历史往前追溯到公元前3世纪，同时也解决了“突厥者，盖匈奴之别种”的问题。

但《隋书》称：“突厥之先……世居金山，工于铁作。金山状如兜鍪，俗呼兜鍪为突厥，因以为号。”近人岑仲勉在所著的《突厥集史》中收录《突厥与兜鍪》[①]一文，明确指出突厥一词与兜鍪无关。

岑仲勉是近代研究突厥史的权威学者，依照他的观点，我们可以得出这样的结论：在汉高祖刘邦“白登之役”（前200）前，也就是秦汉之交时，匈奴歼灭突厥，侥幸遗留下来的突厥人逃到金山，演变成北魏后期的突厥族。可知匈奴跟突厥早期是统治者与被统治者的关系。

---

① 该文发表于1948年1月26日《广东日报·民族学刊》第二十七期。

第二章

突厥的传说

祭拜天神与萨满信仰

在各种有关突厥早期事迹的描述中，几乎都提到过突厥祭拜祖先洞窟的习俗。

据《周书·突厥传》记载："（突厥）可汗恒处于都斤山……每岁率诸贵人，祭其先窟，又以五月中旬，集他人水，祭拜天神。于都斤山西五百里，有高山回出，上无草树，谓勃登凝，夏言地神也。"

经考证，于都斤山就是今蒙古国西部的杭爱山。杭爱山是一段很长的山脉，有许多高峰，偏西五百里的山峰叫勃登凝，突厥语即"高耸入天的山峰"的意思。因为早期突厥没有文字，所以其祖先的洞窟中也没有留下什么文字。

据《周书》记载，突厥族重要的祭典除祖先洞窟之外，还有"祭拜天神"。任何民族的初期信仰几乎都是泛灵的萨满信仰，"萨满"是西伯利亚土著对女巫的称呼，后人常以"萨满信仰"代称泛灵信仰。所谓泛灵信仰，就是相信万物皆有灵，凡日、月、星、辰，风、雨、雷、电，山、川、河、湖，乃至花草、树木、飞禽、走兽，莫不有灵。

突厥祖先也是如此。突厥的萨满信仰延续了匈奴以来的传统，可以说是源远流长。早期突厥的阿史那氏和阿史德氏结合后，就形成了突厥式的萨满信仰，而后又吸纳了匈奴、柔然、高车各民族的原始信仰，使突厥的萨满信仰更为完备，进而成为后来的回纥、契丹、蒙古各民族的信仰之源头。

洞窟

在北方草原民族的早期历史中，洞窟占有重要地位。北亚冬季漫长而寒冷，早期游牧民族在没有发明出能御寒的毡篷前，如果没有足以遮蔽风雪严寒的洞窟，只能冻死在茫茫荒原之上。

据《魏书》记载，拓跋鲜卑部先民的藏身之处叫“鲜卑石窟”，而且在“石窟”的墙壁上还刊刻了一篇祷祭鲜卑先祖的文字。1980 年 7 月，《魏书》上所载的“鲜卑石窟”终于被后人发现，这个洞窟在当地人中几百年来的名称是“嘎仙洞”，发现之初，洞窟壁面上所刊刻的祷文还清晰可辨。

突厥族的阿史那氏崇拜日神，阿史德氏则以敬天为主。这两个氏族世代联姻，所以在信仰上就把天和日合而为一，以“天”作为神的名称，以“日”作为神的形象。但《周书》并没有明确指出祭拜祖先洞窟和天神的时机，所幸《隋书·北狄·突厥传》中记载西突厥史事时，明确答复了这个问题：“西突厥者，木杆可汗之子大逻便也。与沙钵略有隙，因分为二，渐以强盛，东拒都斤（山），西越金山……每五月八日相聚祭神，岁遣重臣向其先世所居之窟致祭焉。”

突厥祖先的洞窟崇拜其实和天神崇拜有连带关系。《周书》提到的勃登凝，在《太平寰宇记·卷一九六》作“勃登疑梨”，就是突厥语 Tangri 的音译，意思就是“天”。以祖先洞窟在高山之巅，此处容易受到天（神）的照顾，可见祖先洞窟崇拜跟天神崇拜有着相当的关联性。

《隋书·突厥传》称，祭拜祖先洞窟是在每年五月初八，虽然东、西突厥分居两地，但是祭拜祖先洞窟时，都会派重臣前来参与祭祀活动。这里没有提到祭天神，估计祭天神是在祭拜祖先洞窟之后。

《毗伽可汗碑》选录

突厥族对天的崇拜史料记载不胜枚举。例如以突厥文字（卢尼克文）刻成的《毗伽可汗碑》中就多次提到“天”：

> 像天一样的，天生的突厥毗伽可汗（东第一行）……由于上天的保佑和由于我的努力，突厥部众胜利了（东三十三行）。由于上面上天和神圣水土和我祖可汗在天之灵不悦，九姓铁勒部众弃其水土而去唐（东三十六行）。由于上天保佑，当我即位时，我组织、整顿了四方部众（北九行）……

在碑文中，天神以突厥民族的保护者姿态出现，它的“神力”凌驾于众神之上，突厥可汗则是天神的儿子，与汉族皇帝自称“天子”是一样的道理。

祭祖是所有民族共通的重要习俗，所以突厥的祭拜祖先洞窟也是慎终追远、民德归厚的表现。

突厥的语言和文字

从目前的文献看，突厥族的语言是指阿史那氏、阿史德氏等突厥贵族的语言。一个多世纪以前，由于文献记载不足，世人对突厥族的语言几乎一无所知。直到后来发现卢尼克文并进一步解读后，我们才对突厥的语言有了初步的了解。

人类的语言因民族不同而分成上千万种，虽然种类众多，但是如果从语型上分类，则只有以下四种类型：胶着语型、孤立语型、曲折语型、复合语型。

突厥语是胶着语型，讲究母音和谐。在语序上一般是主语加宾语再加动词，和汉语有很大的不同，我们学习突厥回纥语族的最困难之处也在这一点。此外，突厥回纥语族的动词里要呈现主语，所以在句子里主语可以省略掉，这对我们来说更是难上加难。

经考证，早于突厥在历史舞台上出现的匈奴、鲜卑、柔然都不曾创造过文字。《史记》《汉书》等史料，以及近代许多学者几乎一致认为匈奴和中原王朝的往来书函用的是汉字。但是据考古发现，突厥族使用或创造过卢尼克文（Runic），对北亚草原各游牧民族而言，这是一大创举。

Runic 一词在北欧语言中有“神秘”的意思，原指北欧一种未经解读的文字，最初发现古突厥文字时，人们误以为这就是未经解读的北欧神秘古文字，所以就称之为卢尼克文。卢尼克文从发现到解读经过了漫长的岁月。最早关于卢尼克文的报道，是清康熙三十一年（1692）由荷兰人尼古拉·魏在所著的《北部和东部的鞑靼利亚》一书中提到，西伯利亚发现一种用图形和奇特符号构成的摩崖文字，即直接刻在山崖和石壁上的文字。接着俄罗斯人谢明·莱梅佐夫在清康熙三十五年至三十六年（1696—1697）出版的《西伯利亚图册》中，进一步证明这种神秘的摩崖文字在中亚也有分布。

18 世纪之后，更多报道相继问世，使这种神秘的文字有了较清晰的面貌。到了 19 世纪晚期，大致上已经能够解读神秘的卢尼克文了。清光绪十九年（1893）十二月十五日，丹麦学者威廉·汤姆森在丹麦皇家科学院的一次会议上，宣读了一篇以《鄂尔浑和叶尼塞碑铭解读的初步成果》为题的论文，这篇后来后来刊载于《丹麦皇家科学院通报》第三期的论文令欧洲学术界大为震惊。从这篇论文中得知突厥卢尼克文有以下几个特点：

一、突厥卢尼克文共有三十八到四十个字母。其中有八个母音，还有用八对符号表达的子音，虽然有些字母还带有象形、写意的性质，但整体来说是表音文字。

二、突厥卢尼克文在外观上与稍晚出现的闪米特文极为相似。闪米特文中有三十二个字母，和卢尼克文中的部分字母几乎完全相同。据此，我们有理由推定闪米特文和卢尼克文有承袭关系。

三、卢尼克文是突厥所创制的，由此而否定了北欧芬兰族东来说的推论，同时也推翻了自 17 世纪以来认为东方文化是由欧洲传播而来的论断。

四、卢尼克文字母以点、线、弧构成，形体方整，字母与字母并不连写，每个字母都独立存在。这与印欧文字不同，而近于汉字，类似于契丹文和现在的韩文。

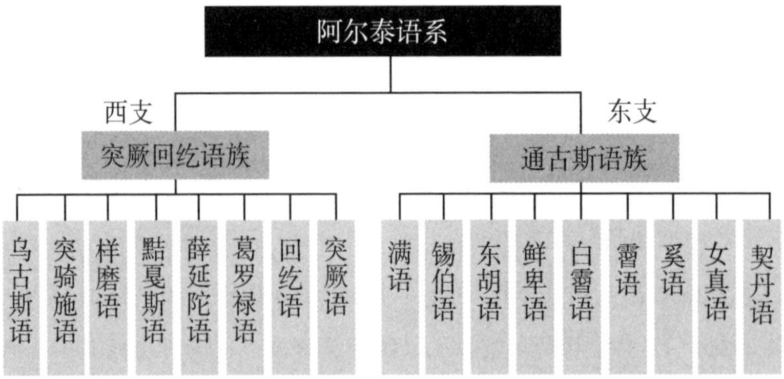

五、卢尼克文属于音节、音素混合型的文字，字母虽然表音，但仍残留有个别的表音符号。

六、每个字母在书写时，可以颠倒字母的方位，如“ᛋ”也可以写成“ㅓㅏ”。母音有圆唇、不圆唇之分；子音则有清、浊之别。

卢尼克文

北欧人相信这种文字具有神秘的象征意义，蕴含着超自然的神力，因此用它来给天上的众神命名以及用于算命占卜之中

第三章

突厥汗国的建立

突厥民族的形成

据史料推论，突厥族最初可能以阿史那和阿史德两大部落为主，通过婚姻关系组成突厥的核心部分。

阿史那和阿史德两大部落结合成突厥族后，周围一些小部落就向突厥族靠拢，也自称突厥族。这时的突厥已经迁徙到阿尔泰山的南面了。有些文献认为，阿尔泰山形状像武士的头盔，古代头盔“兜鍪”音即突厥；另有一种说法认为，“突厥”有强大、刚毅、成熟和旺盛等意思，如果从突厥民族的形成来看，这种说法也有一定道理。

突厥民族形成之初，虽然自认为已经“成熟”“强大”“旺盛”了，可是放眼五胡十六国时期的北亚草原，以鲜卑拓跋部的北魏和北方的柔然最为强大，初步形成部落联盟的突厥与之相比还有很大差距。

当时北魏除全力经营中原外，还经常北讨柔然，但对远在西北边的突厥就显得鞭长莫及。柔然是游牧政权，每当秋高气爽、草长马肥时，就会挑选北魏防卫比较薄弱的地方南下掠夺。于是北魏政府在北方边境设立军镇，驻有重兵，实行军政一体，可见柔然对北魏造成了重大的威胁。

对被征服的草原游牧民族，柔然更是尽情压榨。突厥部落联盟建立之初对柔然俯首听命，因为突厥聚居地区产铁，柔然便让突厥为其锻造兵器，史书上因此记载，柔然视突厥为“锻奴”。

一般来说，游牧民族乍起乍落，起伏不定，所以一旦得势，对被征服民族都是不留余地地奴役。柔然强大时，就是这样对待突厥和其他草

陕西省礼泉县的阿史那忠碑

原游牧民族的，突厥族只能累积实力，直到力量强大到足以抵抗柔然时才揭竿而起。

五胡十六国时代后期（4 世纪左右），当柔然奴役北亚草原各游牧民族时，高车联盟各民族不堪蹂躏，联合出兵反抗柔然。突厥当时的领袖伊利可汗审时度势，不但没有参与起事，反而出兵在半路击破高车联盟的军队，俘获五万多人以及无数的牛、马、羊、骆驼，让突厥很快壮大起来。

伊利可汗自认为有功于柔然，应当得到柔然的奖赏，便派使者向柔然可汗邀功，请求娶柔然可汗的女儿为妻。但是在柔然可汗眼中，突厥只是地位卑下的“锻奴”而已，现在居然敢向柔然求亲，于是大怒的柔然可汗臭骂了突厥使者一顿，并将其驱逐回去。不仅如此，柔然可汗还

伊利可汗

北方草原游牧民族以匈奴最为强大，匈奴称领导人为单于，游牧民族多沿用之。柔然兴起后，改称领导人为“可汗”，从发音上可能是“可”与“汗”两个音阶构成，“可”是“大”的意思，而“汗”是“贤王”的意思，“可汗”就是“大贤王”的意思。

“可汗”之称出现后，游牧民族就弃“单于”而改以“可汗”称呼领导人。当时的突厥领袖本名布民，后因“伊利”在突厥语中有采邑或地面的主宰者、掌权者之意，因而开始自称伊利可汗。

派人到突厥训斥伊利可汗，让伊利可汗脸上无光。伊利可汗恼羞成怒之下决定反抗柔然。

另一方面，当时统治中国北方的北魏已分裂为东魏、西魏，虽然仍是鲜卑人拓跋氏所建的政权，但实际上大权分别操控于权臣高氏和宇文氏手中。为对抗柔然，西魏文帝大统十七年（551），伊利可汗向西魏请求联姻。

突厥联西魏抗柔然

西魏见突厥前来请求联姻，也有借助突厥的力量和东魏对抗的意愿，于是答应突厥请婚，将长乐公主嫁给伊利可汗。西魏允婚后，伊利可汗信心倍增，大胆地杀掉了柔然派来训斥的使者。

伊利可汗自击破高车联盟俘获五万多人后，实力大大增强。而这时东魏西魏彼此攻伐不已，都想借助外力消灭对方。

西魏在地理位置上比较靠近突厥，早在西魏文帝大统十二年（546），西魏就以侨居酒泉（今甘肃省内）的中亚胡人安诺槃陁为使者，到突厥示好。除了要结交突厥这个日渐强大的民族以壮大自己的声势外，西魏也希望能够通过突厥遏制柔然，避免柔然一直骚扰自己的边疆。

突厥见雄踞关中、国富民丰的中原国家西魏居然派使臣前来，喜出望外。《周书》称突厥人民相互庆祝说："今大国使至，我国将兴也。"可见西魏遣使突厥更激励了突厥对抗柔然的决心，突厥于是起兵讨伐柔然。

柔然强大时曾控制了大漠南北和西域的各个游牧民族。在当时，能和柔然相抗衡的，南方只有北魏和后来的西魏，西方则只有嚈哒。

突厥的转变让柔然非常意外。在柔然看来，以往的突厥一向乖巧听话，安于做自己的"锻奴"，不但如此，他们还会主动出击叛变的高车部落联盟。柔然万万没想到突厥居然也敢"变节"，而且突厥在柔然毫无防备之下进行出击，于怀荒镇（今河北省张北县北部）北部大败柔然。柔然可汗郁久闾阿那瓌兵败自杀，柔然部众几乎全部降于突厥，突厥一战而胜，成为大漠的新主人。

突厥汗国的建立

之前西魏只是口头许婚，现在见突厥击败了雄踞北方的柔然，立即

柔然

据《魏书》记载，柔然应该是鲜卑族的一支，可是许多国外历史学家认为柔然即是阿瓦尔（Avars），像欧洲史家德经（De Guignes. J.）、沙畹（E. Chavannes）以及日本的内田吟风等人都这样认为。但直到目前为止，还无法得出一个中外都能接受的结论。

柔然可汗姓郁久闾，很可能是拓跋鲜卑的一个部落。据《魏书》记载，有一次柔然首领对北魏皇帝说："我与大魏皇室同源共祖。"北魏皇帝回答说："朕已知之。"这份记载显示双方都认为彼此同源共祖。

"柔然"一词有诸多不同写法，《晋书》称"蝚蠕"，《魏书》则作"蠕蠕"，《宋书》《南齐书》《梁书》又写成"芮芮"，《北齐书》《周书》《隋书》以"茹茹"称之。

把长乐公主嫁与伊利可汗，这年是西魏废帝元年（552），通常史家也把这一年定为突厥汗国的始建之年。突厥汗国自此开始登上历史舞台。

放眼当时天下，能够逐鹿中亚大陆的，似乎只有突厥和嚈哒。突厥的突然兴起真是得了天时、地利之助。

据《北史》《魏书》所载，嚈哒人的种族跟大月氏（音"肉支"）相类似，如果这个说法可信，那么嚈哒应该和月氏一样是高加索人，也就是通常所说的白种人。南朝史书称之为"滑国"，西方史家称之为 Hephthalites 或白匈奴。

4—5世纪时，中国北方处于五胡十六国时代，嚈哒还一度臣服于柔然。

5世纪中叶时，嚈哒在中亚阿姆河一带放牧，并且逐渐强大。

嚈哒壮大之后，西域的康居（今哈萨克斯坦南部）、于阗（今新疆塔里木盆地南部）、疏勒（今新疆维吾尔自治区疏勒县）、安息（今伊朗境内）及其他二十多个小国都臣服于它。嚈哒汗国以大月氏贵霜王朝（Kushan Empire）原来的都城蓝氏城（地点不详，可能是今阿富汗东北的巴尔赫）为国都，改名拔延城。嚈哒西与波斯接壤，南抵天竺（今印度），东边起初与柔然相接，柔然被突厥灭掉后，嚈哒就和突厥为邻。

突厥既已强大，自然容不下另一个强大的嚈哒，而嚈哒控制了中亚两河之间诸多绿洲国家。这个地区正是丝绸西运的必经之路，其中巨大的商业利益被嚈哒独享，突厥心有不甘，再加上草原游牧民族向外扩张的天性，更加容不得嚈哒称强于中亚，必欲除之而后快。

突厥灭了柔然后，就开始精心筹划消灭嚈哒的方法。经刺探，突厥知道波斯萨珊王朝皇帝卑路支在战场上被嚈哒所杀，为利用这份旧仇，突厥与波斯和亲，将族内女子嫁与卑路支的孙子——此时已登上皇位的库萨和一世，双方形成了盟国关系。

北周武帝保定二年（562），突厥、波斯联兵大破嚈哒，杀死嚈哒王。之后，两国约定以阿姆河为界，以南归波斯，以北属突厥，也就是说，今天的中亚地区全部归突厥所有。突厥的统治疆域扩大了许多，成为当时亚洲的超级强国。

6世纪的中国南北分立。北方先是东魏、西魏对峙。后来西魏被宇文氏所篡，改国号为周，史称北周；东魏则被高氏所篡，改国号为齐，史称北齐。而南方则为南朝梁、陈先后继立。这几个政权力量都不大，中国仍旧维持割据局面。

当时的中亚虽然表面都臣服于嚈哒，实际上各绿洲国家也就是后来《新唐书》上所说的昭武九姓诸国（康、石、安、史、曹、米、何、火寻、

嚈哒钱币

上海市博物馆中国历代货币馆藏

戊地）仍各自为政，每年向嚈哒缴纳一笔贡赋。中亚阿姆河南方的波斯萨珊王朝力量也不大，既没有跨过阿姆河，又对北亚草原产生不了什么影响，而且为了把持丝绸之路的商业利益，波斯萨珊王朝和东罗马帝国（又称拜占庭帝国）还经常交战，更要时时防范嚈哒人的南下侵略。所以，已经焦头烂额的波斯自然不会对突厥构成威胁。

至于西方，欧洲大陆这时正被北匈奴阿提拉的铁骑蹂躏得支离破碎，自顾不暇，更不可能威胁突厥。

伊利可汗以高车兄弟共同治国的政治架构来统治突厥汗国。他自称布民可汗，也就是大可汗；以科罗为小可汗，称乙息记（突厥语 Ikinchi khan，小可汗之意）可汗，又称阿逸可汗，这是因为“阿逸”是月亮的意思，突厥人认为大可汗既是日神的化身，月亮就能象征小可汗。突厥汗国即以此政治制度为本，在后世也一直依照这个模式运作。

伊利可汗虽年轻善战，但在对柔然作战时身受重伤，不久就过世了。之后，乙息记可汗就继立为大可汗，继续带领突厥和柔然阿那瓌可汗作战。

敦煌壁画《四骑士与指挥官》

骑兵在魏晋时期已成为战场上的主力兵种，“铁骑”更成为骑兵中的精锐部队，其特点是骑士和战马都身披甲胄

西魏废帝二年（553），柔然兵败，阿那瓌可汗自杀，其子庵罗辰率领一部分残兵败将南下投奔北齐，留在草原上的柔然余众则拥立阿那瓌的叔父邓叔子为可汗。

但据《周书》记载，庵罗辰率一部分柔然人包括阿那瓌的堂弟登注颉利发（或俟利发）及长子库提投奔北齐后，余众拥立登注颉利发的次子铁伐为可汗。依此记载来看，柔然至少分成三股，一股以庵罗辰为主，一股在草原上拥立邓叔子，另一股可能在草原的另一端拥立铁伐。西魏

兄弟治国的高车

高车在阿伏至罗可汗时，把汗国的一半分给弟弟穷奇。当时高车国人称阿伏至罗为“侯娄匐勒”，译为汉语就是“大天子”的意思；称穷奇为“侯倍”，即“储君”。

阿伏至罗和穷奇共同治理高车汗国，大可汗阿伏至罗管理汗国北部，小可汗穷奇则管理汗国南部。

一见柔然崩解，便趁机派出军队到草原追击柔然，前后俘获了好几万名柔然部众；北齐则收留庵罗辰、登注颉利发、库提及一部分柔然人，还把他们送回草原去，扶植他们再建柔然汗国，让柔然去牵制突厥，减轻自己的压力。

突厥汗国的壮大

突厥乙息记可汗追击柔然大获全胜后，不久也去世了，时为西魏废帝二年（553）。

乙息记可汗过世后，由其弟弟木杆嗣立，称木杆可汗。据文献所载，木杆“面广尺余，其色甚赤，眼若琉璃”，而其性格“刚暴，务于征伐”。木杆可汗在位长达二十年之久(553—572)，在他任内，突厥汗国开疆辟土，达到盛世。

木杆可汗一生的功绩主要有以下三大方面。

一、彻底消灭柔然，统一漠北

突厥兴起后，伊利可汗和乙息记可汗对柔然的征战虽然都获得胜利，但都未能彻底消灭柔然，直到木杆可汗继立后，情况才有所改变。

乙息记可汗痛击柔然后，柔然分崩离析。其中登注颉利发、庵罗辰、铁伐等三支在北齐的支持下重返漠北，希望能聚集柔然余众，再建政权。他们回到漠北后，与库提联合，后由库提继立，一时之间，柔然汗国又有了能跟突厥对抗的实力。

不久后，庵罗辰又带了一批人马重返漠南，这次北齐拒不接纳，庵罗辰这一支人马衣食无着，不得不依靠掠夺。而此时木杆可汗已击灭库提，突厥力量愈来愈壮大，北齐于是转而攻击柔然，以向突厥示好。

流亡的柔然部众四处奔逃，见不能容于北齐，在没有其他选择的情形下，有一千多户约三千多名柔然人进入关中投靠北周。北周的前身即是与突厥和亲的西魏，突厥眼见大批柔然人逃入关中，为绝后患，便逼迫北周将这些投靠的柔然人全部交出，北周只好照办。这三千多名柔然人被突厥斩杀于长安青阳门下，只有小孩得以幸免，发配到北周王公家中为奴。

曾经雄踞漠北、威震中亚的柔然汗国，就这样在逐渐壮大的突厥的不断打击下彻底灭亡了，之后的史书再不见关于这个民族的任何记载。

二、西面威服高昌，南面攻破吐谷浑

突厥崛起后，兵威震于朔方（今内蒙古自治区乌拉特旗东），紧邻高昌麹氏王朝，威胁到高昌北疆。

高昌王命麹斌防守北方，和突厥交战，结果麹斌落败。高昌王改以麹斌出使突厥，等于投降突厥，以保持麹氏王朝的统治。后麹宝茂继高昌王位时，更接受了突厥册封的颉利发爵号，并娶突厥可汗之女。高昌公主也曾嫁突厥可汗，文献记载的就有两次，一次是东突厥可汗娶麹宝茂之女为妻；另一次是西突厥统叶护可汗长子咀度设娶高昌王麹宝茂之孙麹伯雅的女儿。

麹伯雅为高昌王时，突厥要求他依照突厥传统习俗娶继祖母也就是突厥可汗的女儿，以确保突厥公主在高昌国的地位。

高昌简史

高昌今称吐鲁番，位于我国新疆维吾尔自治区东端，在塔克拉玛干沙漠东北部、天山南部，占据着丝绸之路进入西域的要道，为中国海拔最低处。

汉代匈奴时，为断匈奴右臂特以戍卒建高昌城，其后裔加上后来陆续进入此地的河西汉人，让高昌成为人口密集之地。五胡十六国时代，建立北凉的沮渠氏曾立敦煌阚伯周为高昌王，从此出现高昌国。

后来高车崛起，为了跟柔然竞逐西域，高车废阚氏，另立敦煌人张孟明为王，之后易为马姓。北魏孝文帝太和二十二年（498）时，由于经常受到柔然的侵扰，高昌准备举国东迁，但遭到国人反对，高昌王马儒被杀，麹氏继位为高昌国王。麹氏王朝一直延续到唐太宗时才被唐所灭。

传统游牧民族皆实行财产集中制，以突厥为例，每个可汗之妻的财产都是来自可汗。等到老可汗过世，新可汗继立，老可汗之妻的帐篷、牲畜等就会被收回。为使老可汗之妻免于冻馁，新可汗就会“再娶”她们，成为夫妻，让她们可以名正言顺地拥有原来的财产。因此，对突厥来说，要求新高昌王麹伯雅再娶突厥公主是一件很自然的事。

可是麹氏毕竟是汉人后代，不习惯游牧民族的习俗，对“娶祖母”这件事非常抗拒，最后迫于突厥势力才不得不依从。

麹伯雅过世后，麹文泰继立为高昌王。唐太宗贞观元年（627），唐朝僧人玄奘到天竺取经，途经高昌，被麹文泰强行扣留，命其在高昌开

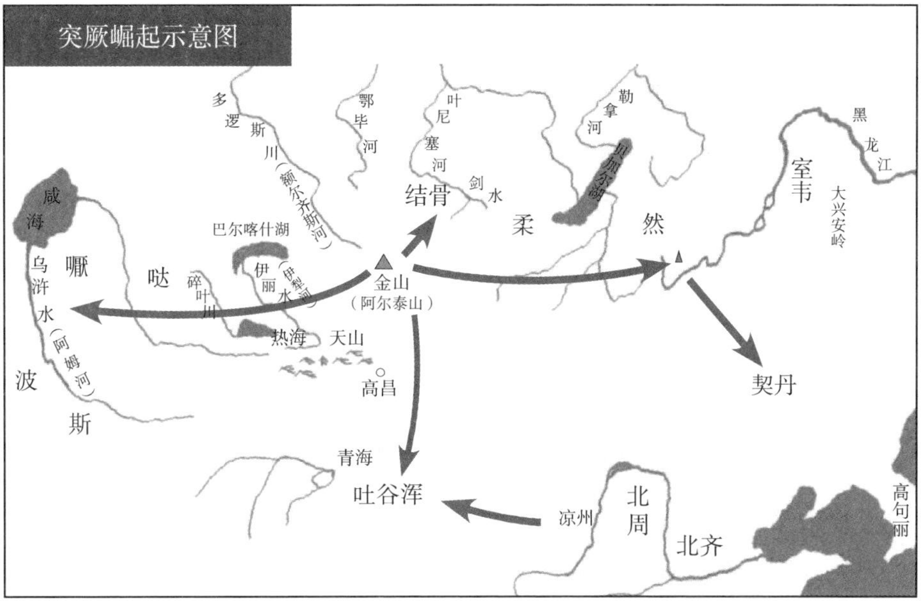

突厥崛起示意图

坛讲经。玄奘求经心切，一心想去天竺，麴文泰只好同意，和玄奘结为异姓兄弟，并要求玄奘天竺取经完成后，返程时务必再到高昌。麴文泰准备了许多礼物，让玄奘途经西域各国时，可以分送各国国王，同时修书一封，用词谦卑，将自称“奴”的信给突厥可汗，请求对玄奘给予礼遇，由此可以看出这时高昌和突厥的关系。

除高昌外，突厥兴起时，在今天的甘肃、青海一带还兴起一个名叫“吐谷浑”的新政权。吐谷浑是鲜卑慕容部领袖的庶长子，他因和弟弟不睦，带着自己的部众七百家（一说一千四百家）向西游牧，来到今天的甘肃、青海一带，威服当地土著部落，后代就以他的名字吐谷浑为国名，一说今天在甘肃祁连山一带的土族就是吐谷浑的后裔。

吐谷浑的疆域和北凉沮渠氏的疆域犬牙交错。鲜卑拓跋氏建立北魏后，陆续消灭北方各政权，北凉因此西遁高昌，吐谷浑则进入塔里木盆地，攻下于阗，杀于阗王，又南征罽宾（今阿富汗贝格拉姆），并遣使通好

玄奘法师行经西域图

现藏于西安大慈恩寺

于南朝宋。

据《北史》所载，这时的吐谷浑“居伏俟城，在青海西四十五里，虽有城郭而不居，恒处穹庐，随水草畜牧，其地东西三千里，南北千余里”。又说“地兼鄯善（今新疆维吾尔自治区吐鲁番市）、且末（今新疆维吾尔自治区巴音郭楞蒙古自治州）”，此时吐谷浑可汗为夸吕。西魏恭帝二年（555），突厥威服高昌后，开始向焉耆（今新疆维吾尔自治区焉耆回族自治县一带）、龟兹（今新疆维吾尔自治区阿克苏地区和巴音郭楞蒙古自治州部分地区）、于阗一带进军，并与吐谷浑交战。吐谷浑不敌突厥，只好退回甘肃、青海一带。但木杆可汗穷追不舍，向西魏借道、借兵联合攻打吐谷浑，结果突厥获胜，活捉吐谷浑可汗的妻子儿女，并掠夺了许多珍宝。经过此番打击后，吐谷浑力量大弱，退出西域，天山南麓完全被突厥控制。

三、东破契丹，北服结骨

五胡十六国时代，源于大兴安岭的鲜卑人开始南下，进入中国北部并建立了许多政权，其中的北魏甚至统一中国北方；而那些仍然生活在大兴安岭西端松辽平原的鲜卑族，就是后世所熟知的契丹。

北魏后期，突厥迅速兴起并壮大，控制了大漠以北地区，与契丹成为邻居。北齐天保四年（553），突厥大破柔然库提时，部分柔然散兵游勇向东投奔契丹，突厥因此发兵攻讨契丹。被打败的契丹只好南下侵扰北齐边境，结果又被北齐痛击。据《北史》载："北齐文宣帝天保四年九月，契丹犯塞，文帝（指文宣帝）亲戎，北讨。至平州（今河北省卢龙县）……帝亲逾山岭，奋击大破之，虏十余万口，杂畜数十万头。"

突厥既破契丹，比契丹弱小的奚（鲜卑宇文部一族）、室韦（后代

黑发黑眼的结骨人

结骨人多是赤发碧眼，但也有黑发黑眼的。传说，西汉将军李陵及部属投降匈奴后，匈奴把他们流放到北海西边臣服于匈奴的结骨族聚居地。这些汉人跟结骨女子婚配后，就生下黑发黑眼的结骨人。

唐中宗景龙二年(708),唐代接见结骨来使时，曾说："尔国与我同宗，非他藩比。"唐代李氏自称系出陇西，李陵也是陇西人，所以唐中宗才说跟结骨同宗。

即蒙古）、地豆干（今内蒙古自治区东乌珠穆沁旗境内的小支游牧民族）等当然更非突厥之敌，纷纷降于突厥。突厥力量因此进入大兴安岭西端。为加强对这些部族的统治，突厥汗国册封阿史那库头为东面可汗，并对各部族分设吐屯（官名）加以监督，这时突厥东方国境已经到达鸭绿江边。

契丹更北的一族称“结骨”。木杆可汗时，突厥攻破结骨，在北海（今贝加尔湖）周边产生极大的震撼，各游牧小族也纷纷臣服于突厥。

至此，突厥汗国的建立大致告一段落，当时世界上还找不到像突厥汗国这样疆域如此广袤的国家，这当然要归功于木杆可汗的骁勇善战与卓越领导。

突厥汗国的外交政策

要维持这么庞大的汗国的运作，显然还需要更灵活的“国际”外交手腕。看看当时突厥四周的局势，东欧是东罗马帝国，西亚是波斯萨珊王朝；中国北方是北周、北齐；中国南方是南朝梁、陈。要和这些政权往来交涉，新崛起的突厥需要过人的智慧与技巧。

先看突厥和北齐、北周的关系。北齐最初误判情势，想联络柔然牵制北周，并制衡新崛起的突厥，因此在柔然兵败后，接纳柔然庵罗辰这一伙余众，并送他们返回漠北，希望这一股残兵败将能重整旗鼓，成为北齐防御突厥的屏障。

但残弱的柔然根本禁不起木杆可汗的猛烈追击，北齐于是改用与突厥和亲的策略，意欲讨好突厥。但北周和突厥早已建立联姻关系，突厥当然比较倾向北周。紧张不已的北齐深恐突厥“南下牧马”，只得一再加强北方防御措施，连年修筑长城。据北宋编著的《册府元龟·卷九九九》记载，北齐文宣帝天保六年（555），北齐动员一百八十多万人修筑从幽州（今河北省北部）到恒州（今山西省大同市北部）的长城。

由于突厥在大可汗之下还分封了若干小可汗，北齐于是一方面修筑长城巩固北方边防，一方面拉拢突厥小可汗阿史那库头，希望阿史那库头能向木杆可汗进言，离间北周，破坏北周与突厥的和亲关系。

突厥助北周攻北齐

突厥第一次协助北周攻伐北齐是在北周武帝保定三至四年（563—564），即木杆可汗大破中亚嚈哒的次年。

既破嚈哒，木杆可汗便借着胜仗余威，亲率东面阿史那库头可汗、西面步离可汗共计二十万骑，兵分三路南下；北周则以达奚武率步骑三万出南道，以杨忠率步骑一万引导突厥出北道，约定在晋阳（今山西省太原市）会师。

当年天气奇寒，据《隋书·卷二十二·五行志》记载，当年“大雪连雨，南北千余里，平地数尺，繁霜昼下”。突厥三路大军在北周军队的引导下冒雪南下，破长城而入，和北周大军会于晋阳，接着兵临北齐并州（今山西省太原市东），双方在并州城西决战，战况非常激烈。《隋书》称“大战城西，伏尸百余里”。北齐武成帝一度想弃城而逃，所幸手下大将段韶等整顿队伍，强化工事，稳定了局面。

北周主力达奚武所率三万人进攻平阳（今山西省临汾市），遇北齐大将斛律光。两军交战，胜负难分，形成僵局。战事拖到第二年正月，双方再度决战，北齐将士抱着破釜沉舟的决心，精锐尽出，鼓噪而上。突厥反而引兵登上西山，不肯出战。北周杨忠只得以所率步兵跟北齐决一死战，结果大败。《北齐书》载“敌（北周）前锋尽殪，多无孑遗”。但《周书》载北周只“死者十四五”（死了十分之四五）。

不管怎样，杨忠和突厥最后都选择了撤退，只是天寒地冻，撤退路难行，北齐又穷追不舍。《资治通鉴》载：“突厥还至陉岭，冻滑，乃铺毡以度，胡马寒瘦，膝以下皆无毛。比至长城，马死且尽，截槊（骑兵所拿，长丈八）杖之以归。”这一次可算是木杆可汗戎马一生之中罕见的败仗。

打了败仗的北周心有不甘，又游说突厥，希望能再次联合起来征讨北齐。北周武帝保定四年（564）秋天，北周以皇叔宇文护为帅，统领二十四军及左右厢散隶、关陇巴蜀之兵，以及内附的羌胡之众，总共二十万人，浩浩荡荡地向东讨伐北齐。

此时，宇文护的母亲在北齐，北齐于是让宇文护的母亲写信给宇文护，并用乳名称呼他，随信还寄回了宇文护儿时的衣服。在两军摆下阵势时，北齐更送宇文护的母亲回北周阵营，母子久别重逢，让宇文护无心恋战。加上突厥参战的意愿本来就不强，于是第二次攻北齐的北周-突厥联军只是雷声大雨点小，最后不了了之。

北周见状，立刻以杨荐为使前往突厥，动之以情，晓之以理，加以金钱诱惑，最终说服木杆可汗，同意协助北周攻打“东贼”北齐（北齐在北周的东方）。

北周-突厥联军两次讨伐北齐竟然都以失败告终，让突厥意识到北齐虽小实力却不弱，也就不愿再听从北周的建议讨伐北齐。北齐之所以能两次躲过联军攻伐，几乎都是依赖大将斛律光的运筹帷幄。不久，斛律光受谗被杀，北齐深知这样更不能和北周再启战端，于是改变策略，专心讨好突厥，和北周一样争娶突厥公主，想做木杆可汗的女婿。

最后木杆可汗将突厥公主许配给北周，但据《周书·卷三十三·赵文表传》所载，北周“迎亲团”在回国的途中，一路上仍忐忑不安，“虑

北周三迎突厥公主

北周保定三年（563），木杆可汗允诺将公主嫁给北周皇帝。但之后，北周两次联合突厥攻打北齐不利，加之北齐多次讨好突厥，让情势有所改变。所以，当北周迎亲特使杨荐到达突厥时，突厥支吾其词，不让杨荐带走公主。

到了北周保定五年(565),北周唯恐事情有变，再度派宇文纯、杨荐等为使，“奉备皇后文物及行殿，并六宫以下百二十人”，希望迎来突厥公主。可是此时北齐也秘密遣使突厥，送去很多聘礼，表示想迎娶突厥公主。木杆可汗便命公主延后下嫁，等待北齐、北周加条件。这一次北周仍然未能如愿迎到公主。

直到北周天和三年（568），北周第三次派使者到突厥，带去更多的聘礼，又辅以“言而有信”等说辞，才让木杆可汗同意送突厥公主出嫁。

其为变”，可见这时双方互信的基础何其薄弱，同时也凸显突厥何其黠慧，在北周、北齐互争中，懂得为自己谋取最大的利益。

北周、北齐争相讨好突厥，每年送往突厥的绫罗绸缎、米酒等物不计其数，运送物资的驼马车队络绎于途，好不热闹。木杆可汗的弟弟他钵可汗就曾踌躇自得地对部属说：“但使我在南两个儿孝顺，何忧无物耶！”（《周书·突厥传》）在突厥眼中，北周、北齐只是突厥的两个儿子，地位何其卑下。

除中国外，当时突厥西边的波斯也是文明古国，早在公元前6世纪就曾经建立起一个力量强大的帝国。波斯帝国极盛时，疆域横跨亚非两大洲，其国君号称“王中之王”。

后来，亚历山大东征时灭了波斯帝国，3世纪时波斯才再度复兴，创建了极具盛名的萨珊王朝，并重新控制了中亚。5世纪，嚈哒崛起，进入中亚，和波斯发生冲突，最后引发战争，波斯国王卑路支战死沙场，中亚落入嚈哒之手，战败的波斯不得不向嚈哒称臣纳贡。卑路支的孙子库萨和一世即位后，人称“努锡尔旺”（波斯语，意为“不朽的灵魂”），决心为祖父报仇。时逢突厥崛起，库萨和一世便遣使到突厥，说服突厥共击嚈哒。突厥一方面要开疆拓土，意欲进入中亚；另一方面对嚈哒收容柔然余众早就心怀不满，因此与波斯来使一拍即合。嚈哒被灭后，突厥如愿以偿地占有了中亚阿姆河以北的广大土地。

突厥和波斯虽然议定以阿姆河为界，可是双方对拔汗那（即汉代大宛，在阿姆河南岸，今乌兹别克斯坦与吉尔吉斯斯坦费尔干纳盆地）的归属有了争执，突厥率兵强渡阿姆河，占领拔汗那，更进而进兵罽宾，完全占领嚈哒旧土，粉碎了和波斯和平友好的关系。

突厥跟波斯之所以都要争夺拔汗那，原因在于控制此地就能掌握东西方往来的丝绸贸易。嚈哒统治时，丝绸贸易掌握在粟特人手中，粟特人也是游牧民族，没有建立国家，谁来统治就臣服于谁，所以他们先后臣服于匈奴、柔然和嚈哒。突厥控制这里后，粟特人便归突厥管辖，突厥从北周、北齐得到大量的丝绸，通过粟特人贩卖到西方以换取财物。这时波斯人已经掌握了养蚕的技术，而且也学会了抽丝织造丝绸，当然也想控制被粟特人垄断的丝绸贸易，直接生产丝绸，卖给西方的东罗马帝国，甚至是欧洲。而独揽丝绸贸易的粟特人，往往能因此向统治者缴纳为数可观的贡赋，如果波斯也想做这个生意，就等于截断了突厥的财源。突厥因此决定向波斯动武。为了充实战力，突厥甚至派使者到东罗马帝国，想联合东罗马帝国夹击波斯。

东罗马和中国早有往来记录，在中国文献中多称为大秦或拂菻。自6世纪后半叶，波斯萨珊王朝与东罗马帝国屡次争夺西亚的霸权，所以东罗马与波斯也有竞争关系。

至于突厥和东罗马的接触，时间要往前推一些。当突厥追击柔然残部时，部分柔然人向西逃亡，到达东罗马边境，请求东罗马庇护。北周武帝保定二年（562），突厥室点密受册为西面可汗时，遣使东罗马，宣称柔然是突厥叛徒，要求东罗马勿加收留。在东罗马史料中，也确实记载在北周明帝二年（558）时，有一批“阿瓦尔人”（即西方对柔然的称呼）

波斯宗教

波斯曾经创立了两个世界性宗教——琐罗亚斯德教和摩尼教。前者传入中国后又称拜火教或祆教；后者传入中国后，宋元之后称明教。这两个宗教都对中国文化产生了不小的影响，尤其摩尼教在唐、宋被禁之后，往往隐匿在佛教或道教之中，如果深入探究，在今天佛、道两教中，很可能还有摩尼教的踪影。

来到东罗马边境，至于有没有加以收留，并没有看到明确的记载，但这便是突厥跟东罗马的初次接触。

北周武帝天和二年（567），突厥以粟特人马涅亚克（或称马尼牙克）为首出使东罗马。马涅亚克一行取道伏尔加河下游及高加索山，大约费时一年，于北周武帝天和三年（568）到达东罗马帝国国都君士坦丁堡。马涅亚克以突厥西面可汗室点密的名义会见东罗马皇帝查士丁尼二世，两国结盟并约定东西夹击波斯，而且东罗马还准许突厥商人不必经过波斯商人中介，可以直接在东罗马贩卖商品。突厥、东罗马结成军事同盟后，东罗马也派塞马鲁克为使，随马涅亚克东来突厥，塞马鲁克一行到达西面可汗室点密位于鹰娑川（即裕勒都斯河，“裕勒都斯”意为星星）畔的白山牙帐。室点密盛情款待塞马鲁克一行，据珀西·赛克斯的《阿富汗史》记载，室点密“宿之豪华大帐，宴以珍馐美馔，赐以黠戛斯女奴”。

恰巧这时，波斯也派使者来到突厥，室点密以隆重礼节接待东罗马使者，并让塞马鲁克坐在重要的座位上，对波斯使者则颇有怠慢，言谈之间还不时辱骂波斯。波斯使者自然不悦，结果被室点密打发回去。最

波斯卡瓦德一世钱币

藏于上海市博物馆，中国历代货币馆藏品

后突厥跟东罗马结成反对波斯萨珊王朝的牢固联盟。

当塞马鲁克完成出使任务西返时，室点密派大将安那卡斯特率大批军队护送他出境。到了北周武帝天和六年（571），室点密又遣使到东罗马，要求东罗马废除原来和波斯所签订的和平条约，得到东罗马皇帝查士丁尼二世的同意。从此，突厥、东罗马双方联兵攻打波斯，开始了前后持续近二十年（571—590）的战争。在这段时间里，突厥跟东罗马经常有使者互访，仅文献所见的东罗马使者就有 Entychios 、Valenten、Herodien、Palnde、Oilicie 等人，没有留下名字的自然更多；而突厥派往东罗马的使者更多，达一百零六人。在此期间，波斯也想尽办法派出伏兵，在中途截杀双方使者，可惜都没有成功。

外交没有永远的朋友。后来，突厥一个名为奥尔东尼非的部属叛变，投奔东罗马，这时查士丁尼二世已经过世，王位由提比留嗣立，他接纳了奥尔东尼非，引起突厥不满。北周武帝建德五年（576），突厥室点密

查士丁尼一世（483—565 在位）

东罗马帝国皇帝。图为嵌壁画

可汗过世，东罗马派华凌顿为使前来吊唁，希望能延续之前的盟约，再度出兵攻打波斯。可是室点密的继承人达头可汗不但没有给予东罗马使者热情的接待，甚至还要求华凌顿行“剺面”以示哀悼，这无疑是羞辱他，要让华凌顿难堪，双方于是不欢而散，两国多年来的关系几乎终结。

从以上所述可知，突厥虽然是崛起于北亚草原的游牧民族，可是一旦跃登国际政治舞台，很快就熟悉了国际政治的游戏规则，并能任意周旋于其中。凭借这些灵活的外交手段，突厥汗国屹立于中亚，并最终称霸于中亚地区。

剺面

剺面是一种沿袭自塞种人的习俗。塞种人用刀在脸上切割，直到流血，有时甚至割下鼻子或耳朵，以示对去世的元首、长辈或先人的尊敬和哀悼。

第四章

分裂的突厥

一些研究突厥史的论著称，突厥建立一个统一的大汗国后，最后分裂为东、西两个汗国，这是不正确的看法。突厥汗国政治制度沿袭了高车的双可汗共治方式，在建立之初就已经出现了若干小可汗，每个小可汗统治一个区域，受中央大可汗领导。该区域的小可汗可以自行处理、统治区域内一切事务，并对外交涉，这并不是分裂。然而无论中国《周书》《北史》《旧唐书》《新唐书》等文献，还是西方论著，都提到东、西突厥汗国的史事，又可见确有这两个分别存在的汗国。

东、西突厥汗国

“突厥”一词最早出现于《周书》，起初臣服于柔然，柔然称之为“锻奴”。后来，突厥领袖借鉴于柔然，稍稍统合了突厥各氏族后，就自称“设”，就是《周书》所载的讷都六设。“设”是鲜卑、柔然政权的一个官名。唐朝令狐德棻撰《周书》时，可能误以为“讷都六设”是一个人的名字。“讷都六”在古突厥语中读作 Nur Türük，意思是“光明、璀璨的突厥”，所以“讷都六设”的意译是“光明、璀璨的突厥设”，至于这个“光明、璀璨的突厥设”的本名是什么，现在已无从考证。后来，讷都六的孙子吐务因为团结突厥民族，渐渐形成一股力量，柔然于是给吐务另一个官号——大叶护。

据《新唐书·突厥传》记载，吐务的长子叫布民，次子叫室点密或瑟帚朱（西方史料多称为伊斯点室）。布民建立突厥汗国自称伊利可汗时，沿袭高车分封共治的方法，让室点密称叶护，经略较西边的天山北

叶护

“叶护”这个官名不是柔然自创的，而是来自中亚昭武九姓各国。

公元前2世纪时，匈奴击破聚居于祁连、敦煌间的月氏和乌孙后，这两个民族向西迁至今新疆西北部伊犁河以及碎叶河一带的七河流域。西迁的月氏族被称为大月氏；留在原地的月氏人，则被称为小月氏，退于南山而跟群羌杂居。

西迁后的乌孙在匈奴的支持下攻打大月氏，大月氏再向西迁徙，征服了在中亚两河之间的大夏，建立了大月氏王朝，但是原来大夏的五个翕侯仍然存在。后来贵霜翕侯强文统一其余四个翕侯，建立贵霜王朝，但汉文史料仍称之为“大月氏王朝”。

许多学者考证后认为“翕侯”就是“叶护”，可见“叶护”一词有地方诸侯之意。后嚈哒兴起，统治中亚地区，叶护一词继续沿用，传到柔然，所以柔然封突厥首领吐务为大叶护。

部，也就是今天的准噶尔盆地、裕勒都斯河、伊犁河、楚河、塔拉斯河盆地以及黑额尔济斯河流域一带。伊利可汗则直接统治今天的蒙古国、我国的内蒙古地区以及东北松辽平原一带。由于伊利可汗统治区在东，也在室点密的北面，所以后来有许多文献称之为东突厥或北突厥；室点密及其子孙统治地区偏西，尤其是征服嚈哒后，更拥有今天的中亚地区，所以被称为西突厥。其实在伊利可汗和室点密叶护时代，两者仍是君臣的关系，这是研究突厥汗国历史不可不了解的重要之处。

但是，东、西突厥彼此间的相处也不完全是和平的。史料有载，双方常常对立甚至互相攻伐。伊利可汗建国之初，采用兄弟共治的方式，与其弟室点密各自统治汗国，可汗就像天子，叶护则是诸侯。只是室点密一支统治的疆域愈来愈大，声望也就水涨船高。伊利可汗一支因为直接面对的是隋朝以及之后强大的唐朝，没办法像西突厥一样任意开疆拓土，加上突厥在中央大可汗之下还依地理位置分封了许多小可汗，由阿史那氏贵族出任，阿史那小可汗为了争夺大可汗的汗位而彼此攻伐不已，输的一方多自东向西而逃，于是才逐渐形成了东、西突厥分立的局面。

分裂的时间

突厥汗国分裂的时间现已不可考，各史家说法都不尽相同。这里简略地加以介绍。

一、自伊利可汗建国之初分裂

持此看法的学者所根据的史料是《阙特勤碑》。碑文明确指出："布民（即伊利可汗）为北突厥（东突厥）之始祖；室点密为西突厥之始祖。"《阙特勤碑》碑文的作者药利特勤根据突厥两个汗国分立的情况做了倒叙式的追溯。中原王朝对史料的保存向来极为重视，有专设的官员从事史料搜集、保存、整理和撰写，所记内容与史实尚且有出入，游牧政权居无定所，保存史料的能力显然不够完善，所以《阙特勤碑》文学式、主观式的叙述可信度并不高。

《阙特勤碑》

《阙特勤碑》，是在1889年于鄂尔浑河（今蒙古国境内）支流考克森·鄂尔浑河谷和硕柴达木所发现的两块碑。

《阙特勤碑》的形式与汉人的石碑大致相同，碑上刻有汉文、儒尼文两种文字。经考证，碑文的作者是突厥著名文学家毗伽可汗的侄子药利特勤（特勤是突厥的官名）。毗伽可汗在世时为公元8世纪，约与中国唐玄宗同一时代，此时离伊利可汗、室点密叶护时代已将近二百年了。

二、在木杆可汗时分裂

持该观点的人也不少，法国的勒尼·格鲁塞（著有《草原帝国》等书）及日本学者桑原鹭藏（著有《桑原鹭藏全集》）最为有名。桑原鹭藏认为，木杆可汗统有大漠南北，建牙帐于于都斤山，领有东方各游牧部落；而其弟达头则建牙帐于千泉（今吉尔吉斯斯坦北部），统有西域和中亚各民族，所以认为这时候突厥已经分裂了。但木杆和达头二人并无不和，更没有冲突，也没有确切的史料指出有不和之事，因此该观点尚须斟酌。

三、大逻便阿波可汗和沙钵略可汗时分裂

不少中外学者都支持这一看法，其中以法国汉学家沙畹最具代表性。沙畹在其所著的《西突厥史料》一书中提出了这种看法。

据史料记载，因为摄图沙钵略可汗和大逻便阿波可汗兄弟不和，隋文帝开皇三年（583），大逻便竞逐大可汗失败，向西投奔达头可汗。学者由此认定东、西突厥分裂。其实，大逻便阿波可汗西奔，只是因为和摄图沙钵略可汗争夺继承大可汗之位失败，不能解释成东、西突厥的分裂。

四、达头可汗、启民可汗时分裂

持这种看法的人是凭《隋书·突厥传》中所载“当大业初（605 年前后）……突厥本一国也，中分为二”，因而断定东、西突厥的分裂是在隋大业初年之前。而在这之前，隋文帝开皇十九年（599）时，东突厥都篮可汗被杀，处罗侯莫何可汗的儿子、原北面突利可汗染干继汗位为启民可汗，同年西突厥步迦也即位为达头可汗，《隋书》可能因此认定该年为东、西突厥分裂的时间点。但启民可汗是伊利可汗这一系，辖区在室点密一系的东北边，与达头的继任其实没有任何关系。

五、射匮可汗与启民可汗时分裂

主张此派的学者以岑仲勉为代表，他认为曷萨那可汗达曼逃到高昌，突厥人扶立射匮可汗，于是突厥分裂为东、西两个汗国。射匮可汗是西突厥室点密的曾孙，和启民可汗是同辈。当时射匮与启民联兵击败东面大可汗，并自称大可汗，所以认为这是东、西突厥分裂的时间点。

以上各种说法都有其史料的根据，但是有不同的时间点，可见各凭一部分史料，并不能呈现历史的真相。东、西突厥之说是汉文史料依据其分布地区的方位而给的称号。突厥人只认定突厥汗国，要谈分裂问题只有三个假设，或许能够了解突厥汗国发展成为东、西两个汗国的原因。

其一就是从分封众建的制度方面看，伊利可汗封其弟室点密为叶护，统辖西部地方，室点密及其后人攻灭嚈哒后，统辖地区扩大到中亚，实力极为强大，而伊利可汗统治区域内的小可汗陷于互争，实力逐渐衰微，室点密后人就自立为大可汗；其二是伊利可汗后人为竞逐大可汗之位，联合室点密后人自称大可汗以为报复，所以后来分裂为两个汗国；其三则是伊利可汗建国之初，室点密也带领一部分人马在西边建立势力范围，所以自称叶护，如果从这一角度看，突厥自推翻柔然汗国起，伊利可汗、室点密兄弟二人就是各自建立自己的国家，无分裂之说。

这三种说法中，以第一种和第三种说法比较可信。

突厥的政治及社会结构

突厥汗国是采用大小可汗分封众建的制度。来自阿史那家族的伊利可汗建立突厥汗国后，自称为大可汗，他既是阿史那家族的族长，也是突厥汗国的君王，自认为其统治权是上天授予的，所以在登上大可汗之位时，要举行隆重的拜天授权仪轨。

突厥汗国建立之后，东征西讨，连战连胜，开疆拓土，统辖地域愈来愈大，于是开始设立许多小可汗。被任命为小可汗的人，都是大可汗的同胞兄弟或嫡系子侄，这种只重血缘的观念自匈奴至蒙古都一脉相承地沿袭下来。

突厥大可汗的牙帐（即政治中心）建于今蒙古国杭爱山。杭爱山是高车族的发祥地，高车族视之为圣山。高车统治氏族阿史德后来和突厥的统治氏族阿史那联姻，所以突厥也视杭爱山为圣山。杭爱山高耸入天，所以大可汗的牙帐建于此地，以求跟天神接近，得到天神的庇护。另外，突厥人认为杭爱山位处大地中央，可以鸟瞰四面八方，因此大可汗建牙帐于此称中

拜天授权仪轨

该仪式相当奇特，据《周书》所载，突厥大可汗初立时，坐在蒙毡的车子上，随着太阳转九圈，每转一圈，大臣就拜一次。之后，大臣会把大可汗扶下来，再立刻扶他上马，然后用布帛勒紧大可汗的脖子，到快要窒息时，才解开布帛，然后马上问：你能做几年可汗？大可汗在头晕眼花又几乎窒息才松一口气时，被问能当几年可汗，只能随口应答，于是大臣就凭这个数字来预测大可汗在位的年限。

从这个仪式我们可以发现以下几点：

（一）突厥可汗登位之初要随着太阳的方向转九圈，可见突厥有崇拜太阳神的习俗。

（二）突厥大可汗登位之初，要用布帛勒紧脖子，到快窒息时突然回答一个精确的数字。这个数字被认为是来自上天的启迪，所以突厥可汗自称是上天所立（史料原文作“天所置”），这也是崇敬天神的一种表达。

（三）当突厥可汗登位仪式完成，正式坐上大可汗宝座后，意味着大可汗已经得到天神的授权以统治人民。大可汗是集天命、天力、天智于一身的主宰，具有神圣不容侵犯的神性，所以许多突厥大可汗都会在名号上加以“从天生”的字样。

小可汗的数量

小可汗的数量似乎并不固定。据《资治通鉴》所载，突厥助北周攻北齐时，有木杆大可汗、地头小可汗和步离小可汗三个可汗。但据弥南的《希腊史残卷》所载，568年，室点密大可汗派马涅亚克为使到东罗马帝国时，东罗马皇帝查士丁尼二世问起突厥汗国内部政治组织情况，马涅亚克回答说："突厥汗国分为四部，有四个可汗。"室点密算是西面突厥的大可汗，另外三个就是小可汗了，然而相对于伊利可汗，室点密又是小可汗，所以整个突厥汗国大小可汗的数目应该超过四个。《资治通鉴》之所以说大小可汗只有三个，是因为木杆可汗率东面、西面两个小可汗一共三军协助北周攻打北齐。木杆可汗不可能倾全国之兵协助北周，必定会留下相当人马留守本土。这样看来，马涅亚克所叙述的大小可汗数目，比《资治通鉴》所记载的更接近实际情况。

经过详细考证各文献后，可以得出：位于杭爱山的大可汗可以威服四方，所以叫中面大可汗；建牙帐于幽州北方的称东面可汗，可以顺便震慑东方的奚、霫（音"习"，偏东北的一支民族）以及契丹；建牙帐于独洛水的叫北面可汗，以震慑契骨、薛延陀以及铁勒九姓；在裕勒都斯河一带建立牙帐的称西面可汗，统领葱岭东、西各国，并负责来往东罗马，以便夹击波斯；至于南面，则由大可汗自己兼领。

面或中央可汗，其他小可汗则依地理方位称东面、南面、西面或北面可汗。

突厥族初兴时，大可汗之妻（突厥称“可贺敦”或“可敦”）几乎都出身于高车阿史德家族。当年突厥力量还很弱，为得到阿史德氏的支持，可汗不得不释放出一些权力给可贺敦。之后，突厥汗国建立，开始与西魏、北周、隋、唐和亲，由于可贺敦享有许多权力并且可以参与政事已经是突厥汗国的政治常态，所以这些来自中原的汉人可贺敦也一样享有这些权力。整个突厥汗国时期，可贺敦都有不可轻忽的政治力量。

据《资治通鉴》记载，突厥木杆可汗协助北周攻打北齐时，曾率领东面阿史那库头可汗、西面褥但步离可汗三军齐发。库头可汗和步离可汗就是地区性的小可汗。

小可汗可以世袭。这一套分封采邑的制度跟周代的分封众建制度也就是封建制度极为相似，目的是要让阿史那贵族子弟皆拥有实力，以捍卫大可汗。殊不知这些小可汗一旦羽翼丰满、实力壮大，反而会跟大可汗分庭抗礼，甚至倒戈相向。

现在从既有文献中整理出东、西、北三面可汗，如下表所示：

小可汗名称 / 代别	东面可汗	西面可汗	北面可汗
第一代	阿史那库头（即控地头可汗、地头可汗、他钵可汗）	室点密（褥但步离可汗）	
第二代	摄图伏尔可汗，也就是后来的沙钵略大可汗	达头可汗	庵罗
	处罗侯可汗，就是后来的莫何可汗或叶护可汗		染干可汗，或叫启民可汗

从下面的简图中，我们可以对大小可汗的方位一目了然。除了中央是大可汗外，东、西、北三面小可汗有汗位差别。突厥人崇天拜日，而日出于东方，故东面可汗位阶仅次于大可汗，东面以蓝色为代表，所以蓝突厥最为尊贵，具有储君的意味，曾被封为突厥东面可汗的乙息记、

木杆、阿史那库头、摄图、处罗侯等后来都当上了大可汗。北面可汗位于东面可汗之下，所以《北史》说庵罗是第二可汗。至于西面可汗，位阶最低，但是在现实中是西面可汗力量最强。这种位阶上的排列，隐然含有兄终弟及的继承法则。

东、西、北三面可汗势力划分图

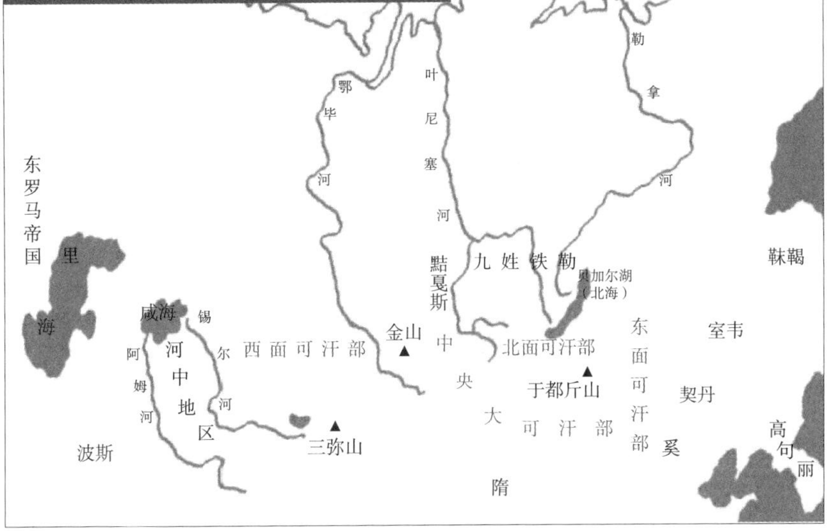

力量强大的西面可汗

西面可汗力量最强有其客观因素。

室点密率十万之众向西方发展，威服天山以北及葱岭以西地方，这些地方就是广义的西域。西域绿洲遍布，极为富庶。公元前 2 至前 1 世纪，匈奴因为掌控西域各绿洲国家，所以才有能力与广土众民的西汉抗衡。西域不但富庶，而且在地缘上占有优势，可以钳制蒙古。室点密一系占有广大的西域，已经占尽优势，所以西面突厥一旦羽翼丰满，当然就能与大可汗分庭抗礼，进而自称大可汗。因此突厥汗国形成东、西两大汗国，是必然之势。

突厥的官制

突厥汗国是由阿史那家族所建，阿史那一族视国如家，掌控一切，其他各氏族则地位低下。突厥所有高官厚爵几乎都由阿史那家族人员担任，而这些职位又几乎都是世袭的，因此非阿史那的异姓突厥人只能屈居下位。

《周书·卷五十》指出：“（突厥）大官有叶护、次没（应该是设的误写）、次特勒（应该是特勤）、次俟利发、次吐屯发，及余小官，凡二十八等，皆世为之。”现在依照相关资料对记录下来的几个重要官名加以探讨，以便进一步了解突厥汗国的政府运作情况。

“叶护”曾出现在儒尼文碑铭上，读作 Yab。该词出于伊兰语（印欧语的一支），有“王”的意思。讷都六设的孙子吐务就曾称大叶护，相当于后来的小可汗。伊利可汗建立突厥汗国后，封其弟室点密为叶护，从此，大可汗之弟就常拥有这一名号。此后东（或称北）突厥比较少见这个名号，西突厥则一直保留这一称号，甚至加入可汗名号中，如阿史那步真曾任咄陆叶护，阿史那贺鲁任沙钵罗叶护，或是像统叶护可汗、肆叶护可汗、乙毗沙钵罗叶护可汗、真珠叶护可汗等。

“设”在儒尼文碑铭中读作 Xad，汉语音译成“设”。“设”仅次于叶护，可以拥兵在外，独自发号施令，宰制一方，西方文献常将“设”解释为“司令官”。许多突厥可汗都曾担任过“设”。例如颉利可汗原是莫贺咄设；处罗可汗原是俟利费设；启民可汗原是泥步设；咥利失可汗本来是同娥设；乙毗咄陆可汗起初是欲谷设；吞阿娄拔奚利邲咄陆可汗原是莫贺咄设。“设”一职很重要，只能由阿史那氏出任。突厥人又经常在“设”之前加上称号，较常见的如突利设、达头设两种。前者是拥兵戍守东方或北方的设；后者则是拥兵驻防西方的设。

“特勤”突厥儒尼文碑铭上读作 Tegun 或 Tekin，汉文音译为“特勤”，因为刊刻的缘故，常常误作“特勒”。《太平寰宇记·卷一九四》载：“其（指可汗）子弟谓之特勒（勒是勤的误作）。”不少可汗的近亲都担任过特勤，如骨咄禄的儿子阙特勤、默啜的儿子墨特勤、伊然可汗的叔父那阙特勤。突厥可汗中也有不少人曾任特勤，如肆叶护可汗早先是咥力特勤，乙毗沙钵略可汗也出任过薄布特勤。据相关文献记载，特勤的职能是对内掌典机要，对外交涉，似乎具有外交官的性质，经常参与谈判军国大事。隋炀帝大业三年（607），突厥启民可汗率褥但特勤阿史那职御、特勤阿史那伊顺等朝觐隋，这两个特勤都被隋朝拜为光禄大夫。又如始毕可汗时派夹毕特勤阿史那思摩到唐谈判停战事宜等，可以证明特勤负有对外谈判任务。

突厥汗国后期不少特勤手中握有重兵，与“设”已经没有两样了。特勤也掌管降附部落，如颉利可汗时，命俟特勤主管明部（指西域归顺的部落）、斛特勤主管斛薛部。唐朝杜佑所撰的《通典》载，唐大破突厥颉利可汗时，颉利可汗、郁射设、萨奈特勤等皆率所部来降唐，由此可证明特勤也是有部属的。

“咄”（音“多”）多半也由阿史那氏出任。“咄”有时也写作啜，突厥语读音是 Qur，因此也会音译为“都”。“咄”是很古老的官称，公元前 2 世纪时，当时的突厥只是高车部落联盟中的一个小部落，部落领袖伊质泥师都就自称“咄”，所以“咄”一开始就有“王”的意思。后来突厥内部官职愈来愈多，咄的官阶日渐下降，尽管如此，“咄”的位

高车部落联盟

高车部落联盟是由许多部落所构成的联盟，突厥也曾是高车部落联盟的一支。高车部落联盟分布在匈奴西北部广大的区域，约略来说有契骨、同罗、韦纥、拔也古（或作拔野古、勃曳固）、覆罗、蒙陈、吐如纥（以上三部混杂相处，无甚力量）、斯结（或作思结）、浑（武则天时徙居凉州，今甘肃省及宁夏回族自治区全境、青海省东北部、新疆维吾尔自治区东南部及内蒙古自治区阿拉善盟一带）、斛薛（或作斛萨），在西域（含中亚）的有契弊（或作契苾、契苾羽）、薄落职、乙咥、苏婆曷（以上三部混杂相处，力量微弱）、乌护（或作乌灌，与回纥同源）、薛延陀、阿跌（又称阿或跌犁）、歌逻禄（是高车部落联盟中力量最大的一个部落）及拔悉密（后被回纥所破）。

至于高车族在西伯利亚地区的有：都波（这一部很可能就是目前的土瓦，也就是清代的唐努乌梁海）、多滥葛（分布在土拉河跟鄂尔浑河之间）和骨力干等。

阶还是在异姓突厥可以担任的俟斤之上，例如木杆可汗所统率的诸部酋长就可称“咄陆”，而室点密所统率的弩天毕诸部酋长则只能称俟斤，又像木杆、阿波的后裔也拥有“莫贺咄”的名号。

“吐屯”是一个很特殊的官位，位阶不算高，但权力很大。吐屯是可汗派去监临各属国、降附部落的官员，并收取贡赋。《北史·契丹传》载：“突厥沙钵略可汗遣吐屯潘垤统之。”《隋书·北狄传》载：“突厥常以三吐屯总领之（指室韦）。”《旧唐书·突厥传》称：“统叶护可汗……其西域诸国王悉授颉利发，并遣吐屯一人监统之。”有的吐屯直接统有其国，如石国就是由吐屯直接统治；焉耆王曾以吐屯主政，并由他遣使入唐；北方高车各部落也派有吐屯监临并收取贡赋。

异姓突厥，例如高车等族，原是跟突厥同属一个部落联盟。这些异姓突厥尽管在语言、习俗上和阿史那突厥并无两样，可是在地位上天差地别。阿史那氏是突厥汗国的统治集团，占据汗国重要官职，剩余位阶低下的职位才轮到异姓突厥出任。异姓突厥只能担任位阶较低的“俟斤”。力量较强大的部落，也只能出任位阶比俟斤稍高的“颉利发”，如契丹、浑、同罗、拔也古（或作拔野古）、仆固等都出任过“颉利发”的官位。中国学者薛宗正先生从相关史料中查寻到一些部落被任命为俟斤及颉利发，很有参考价值，而且是以表列方式呈现，现在且引录附表。

异姓突厥各部官位表

爵位	部落名	史料根据
俟斤	多滥葛	“多滥葛……其大酋俟斤多滥葛共率所部朝见。”（《通典·卷一九一》）
俟斤	骨力干	“其大酋俟斤，因使者献马。”（《新唐书·回鹘传》）
俟斤	白霫	“其君长臣突厥颉利可汗为俟斤。”（《新唐书·回鹘传》）
俟斤	骏马	“其国以俟斤统领，与突厥不殊。”（《通典卷·二〇〇》）
俟斤	都波、弥列哥、娥支	“其酋长皆为俟斤。”（《新唐书·回鹘传》）
颉利发	坚昆	“（贞观）二十二年……酋长俟利发失钵屈阿栈身自入朝。”（《太平寰宇记·卷一九九》）
颉利发	浑	“颉利败时，有俟利发阿贪支款塞。”（《新唐书·回鹘传》）
颉利发	同罗	“太宗时，其酋俟利发时健啜，遣使内附。”（《通典·卷一九九》）
颉利发	拔野古	“其酋俟利发屈利失，贞观二十一年举其部来降。”（《通典·卷 一九九》）
颉利发	仆固	“大唐贞观中，遣使朝贡。及延陀之灭也，其大酋婆匐、俟利发歌滥伏延诣阙内附。”（《通典·卷一九九》）

一些异姓突厥部落，像多滥葛、骨力干、白霫、骏马、都波、弥列哥、娥支等，一旦力量壮大时，往往就自行从“俟斤”升为“颉利发”。如薛延陀部落酋长，原本突厥可汗封其为俟斤，薛延陀部力量强大之后，就自称颉利发；契苾部更进一步自称“大颉利发”；回纥的创业者原叫时健俟斤，后来自称“活颉利发”。

第五章

东突厥汗国与隋朝

西面可汗室点密

突厥汗国创立之初采封建制，后来统治西边的室点密一系力量逐渐凌驾在东边建立汗国的伊利可汗一系之上，因而形成两个汗国。

所谓东突厥、西突厥汗国之称，事实上是后世史家为有所区别而创造的，以伊利可汗一系的汗国居东，所以称之为东突厥汗国，隋、唐时又以东突厥在隋、唐的北方，因此有时也称之为北突厥；至于室点密一系，其地域在西，所以称之为西突厥。

突厥汗国由于分立成两个汗国而力量变得分散，因此给了中原王朝离间分化的机会，终致两个汗国分道扬镳，甚至兵戎相见，先后被广土众民的大唐帝国各个击破。

东突厥汗国经过长时期的混融，和北方的汉人血统互相交融，形成唐朝的新汉人。至于西突厥汗国，其主要的辖区在今天中亚锡尔河和阿姆河之间的河中地区，后来也逐渐和当地土著居民互相混融，成为今天中亚各民族中的一部分。

伊利可汗建立突厥汗国时，其弟室点密也率众赴西域建立地盘，自称叶护。后来室点密的子孙逐渐壮大，声势凌驾于伊利可汗一系之上。加以伊利可汗一系后人因争夺大可汗之位而陷入内讧，力量逐渐减弱，又面对中原王朝的威胁，在这种情况下，伊利可汗一系就日趋衰微。于是竞逐大可汗宝座失利的阿史那贵族就率众投奔西方的室点密后人，这时室点密一系不只拥有天山南北，还拥有中亚河中地区，实力早已超越伊利可汗一系。

突厥与北周

突厥被柔然奴役时，中原地区正是南北朝对峙时期，北魏分裂为东魏、西魏。突厥在伊利可汗、室点密兄弟的领导之下，一方面凝聚内部力量，团结各部落；另一方面则争取外援。据《周书·卷五十·异域传·突厥》载，西魏文帝大统十二年（546），西魏派西域胡人安诺槃陁出使突厥，突厥"其国皆相庆曰：'今大国使至，我国将兴也。'"（北宋《册府元龟》也有相同记载）

西魏需要联合突厥以防御柔然，突厥更需要与西魏结盟，摆脱柔然的奴役。所以当西魏使者来到突厥时，突厥举国相庆。和西魏结盟后不久，突厥趁高车联合诸部讨伐柔然之机，攻击高车，掠得高车五万余落。声势大振的突厥于是请娶柔然公主，但被拒，因此转而向西魏请婚。西魏文帝大统十七年，突厥正式起兵讨伐柔然。柔然可汗郁久闾阿那瓌兵败自杀，突厥汗国的实力震撼了北亚诸国。

突厥汗国建立后，正值北周、北齐互相攻伐之时，为争取突厥支持，这两国也就争相讨好突厥，不但每年向突厥"进贡"无数珍贵物品，更争娶突厥公主。本来突厥已经答应北周的请婚了，但这时突厥的大可汗为木杆可汗，他和弟弟东面小可汗他钵可汗的辖地都偏东，接近北齐，跟北齐早有来往，所以在态度上也偏向北齐，尤其他钵可汗更是如此。因此突厥朝廷一直不明说要把女儿嫁给谁，但又收下两方给的聘礼。这

隋朝镶金边白玉杯

1957年陕西西安李静训墓出土

西魏使者安诺槃陀

“胡”在五胡十六国时代以前专指匈奴，在东方的就称东胡，西方的称西胡，北方的称北胡。北魏灭掉由匈奴赫连氏建立的夏政权，统一中国北方后，“胡”就多指西胡或西域胡，也就是今天新疆部分地区及中亚的胡人。

中原地区的人习惯以胡人所属的民族或国家作为胡人的姓，如来自康国的就姓康、来自曹国的姓曹、来自高句丽的姓高。由此可推知，安诺槃陀，既然姓安，可能是来自中亚的安国（今乌兹别克斯坦西南部城市布哈拉），他在酒泉做生意，所以有时又叫他酒泉胡，由此可推定，安诺槃陀可能是因为既会说突厥语又懂汉语，才会被说鲜卑语的西魏朝廷选中，出使突厥。

样一来可把国势比较弱的北周急坏了，深恐北齐争取到突厥的支持，于是不停地派使者到突厥游说、送礼。据《周书》所载：“累使结之，往返十余，方复前好。”

北周派去催婚的使者陈国公宇文纯就这样在突厥停留一年多，却得不到肯定的答复。北周只好一再对突厥可汗强调遵守诺言的重要，并提醒突厥，西魏（北周前身）是最早派使者到突厥提升突厥声望的国家，但是木杆可汗仍然犹豫不决。就在这时，突厥当地忽然雷电大作，狂风猛吹不停，吹坏许多帐篷，吓坏了木杆可汗，以为这是背信忘义的“天谴”，这才决定把女儿嫁给北周武帝。

北周武帝天和三年三月，北周终于成功地迎娶到突厥公主，武帝更亲自到边界迎接，《周书》称之为阿史那皇后。

战马壁画

敦煌莫高窟第285窟“五百强盗成佛”故事的壁画，此画绘于西魏大统四至五年（538—539），从画面上出现的披挂马甲的战马，可以想见一千四百多年前骑战的发达程度

阿史那皇后

阿史那皇后出嫁时年仅十四岁，据史料记载，她“有姿容，善容止”，可是初嫁至北周时，武帝对她虽礼遇有加，但不怎么愿意亲近她。直到有一天，武帝当时六岁的外甥女窦氏忽然跟武帝说：“（现）四边未静，突厥尚强，愿舅（即武帝）抑情抚慰，以苍生为念，但须突厥之助，则江南（指南朝陈）、关东（指北齐）不能为患矣。”

武帝对这个小外甥女的分析大为赞赏，从此改变对阿史那皇后的态度，《周书》以“深敬焉”形容。武帝驾崩后，阿史那皇后就被尊为天元上皇太后。后又在静帝时被尊为太皇太后。隋文帝开皇二年（582），阿史那氏香消玉殒，年仅三十二岁。

突厥内讧

木杆可汗过世后，他钵可汗嗣位为大可汗。等到他钵可汗临终时，他把儿子庵罗叫来，对他说：“天下至亲莫过于父子，我的兄长（木杆可汗）并不以他儿子（大逻便）为最亲信的人，而把大可汗的位子传给我。所以我死后，你应当要让位给大逻便。”（《北史·突厥传》）

突厥原是采用兄终弟及的继承法，东面可汗通常是大可汗的弟弟，在大可汗过世后嗣立，因此地位等同于储君。可是他钵可汗没有弟弟，

大逻便继立之争

他钵可汗忽略东面可汗的储君地位，一心只想摆脱传统束缚。当时东面可汗是乙息记可汗之子摄图，雄武有力也富有谋略，而他钵可汗以个人主观好恶，不立摄图，而推举木杆可汗之子大逻便，埋下了内乱的种子。

草原游牧民族向来重视母系血统，据《北史·突厥传》所载，大逻便之母出身微贱，故“众不服”。他钵可汗也没有考虑到这一点，等于跟当时的政治形势对立，不仅使突厥社会不安，更使大小可汗产生对抗心理。

突厥可汗往往由各部落首领集会推举，他钵可汗只凭个人意志，就想要打破游牧民族古老的传统，间接分化了阿史那贵族。《北史·突厥传》载，突厥贵族集会讨论大逻便继承问题时，东面可汗摄图故意迟到，并且横加阻挠。摄图更对诸多突厥贵族说：“如果立庵罗为大可汗，我当率领诸兄弟服侍庵罗；如果要立大逻便，我则严守自己的东面地区，与他兵戎相见。”

自己的儿子庵罗又个性懦弱，难当大任，不像他的侄子大逻便有乃父之风，骁勇善战，有望成为强而有力的君王。

突厥因为有一种盛酒的角杯大而低矮，叫大逻便，后来对矮而肥胖的人，都称之为大逻便，所以大逻便只是绰号，只是他的本名史传未载。

尽管他钵可汗的遗言要立大逻便，但是他过世后，贵族大会在东面可汗摄图的运作下，最后仍推举庵罗为大可汗。

大逻便没有当上大可汗，就经常派人去辱骂庵罗。庵罗没有能力制止，就把大可汗之位让给摄图，是为沙钵略可汗。庵罗则退到独洛水（今蒙古国境内的土拉河）一带，称第二可汗，意思是次于大可汗的可汗。

然而大逻便还是不肯就此罢休，又向沙钵略可汗说："我跟你都是可汗的儿子，各自继承父亲的事业。如今你贵为大可汗，尊贵至极，而我连个名位都没有，这说得通吗？"沙钵略被他闹得不胜其烦，不得已只好封他为阿波可汗，领有自己的部落。这下大逻便有了部落又有了名号，便掀起了突厥汗国内讧的序幕。

突厥伐隋

北周曾以赵王宇文招的女儿为千金公主嫁给突厥的他钵可汗，他钵可汗崩后，依照突厥传统，沙钵略可汗再娶千金公主。北周后期，权臣杨坚把持朝政，权倾天下，极为嚣张，宇文招被杨坚所杀，杨坚又于北周静帝大定元年（581）篡北周建立隋朝，年号开皇，是为隋文帝。对于千金公主来说，隋文帝杀了她父亲，加以亡国之痛，于是日夜进言沙钵略可汗攻隋。

此外，北周曾两度与突厥联兵攻打北齐，因此隋文帝心里清楚突厥骑兵的实力，所以隋建立后，隋文帝就不再像北周、北齐那样"倾府库以奉突厥"。沙钵略可汗于是召集突厥大臣，说："我，周之亲也，今隋主自立而不能制，复何面目见可贺敦乎！"（《资治通鉴·卷一七五》）突厥以此名义起兵，进攻隋的北方边境。

突厥来犯，隋文帝令沿边各郡赶紧整修长城，并命令上柱国（官名）

阴寿镇守幽州，京兆尹（相当于首都市长）虞庆则镇守并州，屯聚了好几万兵力以防备突厥，又命朝臣提供抵御突厥的策略。

长孙晟于是上书分析突厥内部的形势，提出抵御突厥的策略，他认为应该分化突厥内部，各个击破，最后一举歼灭。

隋朝时，中原地区虽然已经安定，但是北方的突厥还很强大，想要兴师征讨，时机尚未成熟；如果置之不理，又会不时被寇掠，所以应该筹划出最好的策略，以化解这种进退两难的局势。此时突厥统治广大西域的玷厥达头可汗（室点密叶护之子，统治包括中亚在内的西域广大地区），兵多地广，在名义上仍居于沙钵略可汗之下，是沙钵略可汗的臣子，内心不甘雌伏，彼此想必都有嫌隙。如果善加运用挑拨，他们很可能会反目成仇，以致兵戎相见。

至于东边的处罗侯是沙钵略的弟弟，力量虽然不大，为人却颇有谋略，深得突厥人民拥戴，沙钵略可汗对他相当忌恨，处罗侯心知肚明，所以也是胆战心惊而惶惶不安。此外又有大逻便阿波可汗介于沙钵略跟处罗侯之间，首鼠两端，既想讨好沙钵略，又想接近处罗侯，毫无定见。因此长孙晟建议隋文帝，应该远交近攻，联络玷厥达头可汗，攻讨沙钵略；离强合弱，不与沙钵略来往，而是联络处罗侯和大逻便。派使者到玷厥达头可汗处，结交大逻便，这样，沙钵略势必把部队移向西方，以防备达头可汗的东来。另外结交辖区在东边的处罗侯，让他联合东方的库莫奚跟霫。

如此这般，沙钵略一定要分出部分兵力以防备东边，这样左右难以兼顾，彼此猜忌，只要十余年工夫，突厥必定内乱，到时候再出兵讨伐，一定可以事半功倍，一举征服突厥。

隋文帝看完长孙晟的分析后，大为赞赏，立刻召见长孙晟。长孙晟又把在突厥观察到的山川形势，以及各部落的强弱矛盾，有条不紊地

长孙晟

长孙晟为鲜卑族拓跋部后人，因善骑射而官拜奉车都尉。千金公主出嫁突厥时，就是由长孙晟负责送亲。他钵可汗很看重长孙晟射箭的技巧，硬将他留在突厥长达一年，并令突厥贵族子弟和长孙晟往来交游，希望能学到他百步穿杨的绝技。当时摄图之弟处罗侯很得突厥人拥戴，摄图对处罗侯心存忌恨，处罗侯察觉后就暗中和长孙晟结盟。长孙晟乐于跟处罗侯一起游玩打猎，以借机观察突厥地界的山川形势，以及各部落的强弱，乃至彼此的关系。这一切让长孙晟对突厥有了相当的了解，而且是实地观察所得，颇具参考价值。

隋朝建立后，长孙晟仍然在朝为官。长孙晟育有一子一女，儿子是长孙无忌，女儿即是后来唐太宗的长孙皇后。

一一说明，更画出突厥要塞防地，指出各处虚实，令隋文帝佩服不已，几乎全部采纳了长孙晟的各项建议。

据《资治通鉴》载，隋文帝开皇元年（581），隋派太仆（掌管车驾，亲自为皇帝御车及传递天子的命令）元晖为使，经伊吾（今新疆维吾尔自治区哈密市）到西域去见室点密后人玷厥达头可汗，实行远交近攻策略。隋投其所好，送了一面绣有狼头的旗帜给达头可汗。虽然只是一面旗子，但这代表中原王朝正式承认达头可汗的地位，无形中加深了东突厥沙钵略对西突厥达头的猜忌。隋接待达头和沙钵略的使者时，也有明显的差别待遇，让达头的使者坐上座，沙钵略的使者坐次座。凡此种种，都让沙钵略对达头更加猜忌。

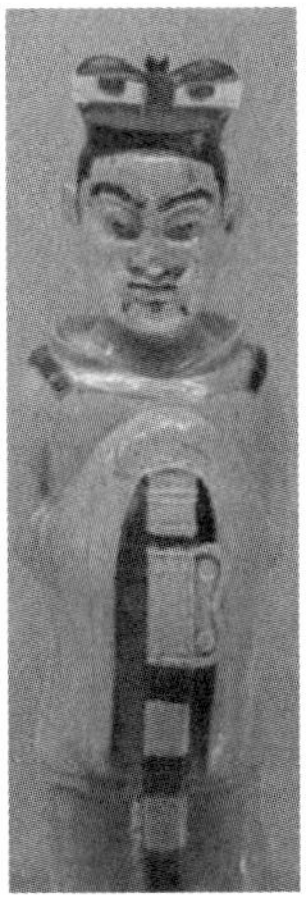

隋朝白瓷文官俑

河南安阳出土

白釉瓷武官俑

隋朝开皇十五年（595）制，现藏于河南博物院

同年，隋朝采取军事行动，命长孙晟为车骑将军，率军出黄龙道（约在今吉林省一带），以重金收买分布在今松花江、辽河一带的库莫奚、霫、契丹等部落为隋军做向导，行军至处罗侯管辖地区，要处罗侯臣服于隋。当长孙晟率军抵达处罗侯辖地的消息传到沙钵略耳中时，自然引起沙钵略的猜忌，恶化了他与处罗侯的关系。隋朝这招离间计又获得了预期效果。

次年四月（开皇二年，582），隋大将军韩增寿大破突厥于鸡头山（今甘肃省境内），隋大柱国李充也在河北击破突厥。

五月，原北齐营州刺史高宝宁于北齐灭亡后投降突厥，引突厥军进入隋平州。此役突厥大小五个可汗沙钵略、庵罗、达头、阿波（即大逻便）、贪汗（即处罗侯）全部出动，带领四十万大军南下长城攻隋，规模之大，前所未见。

初期，隋的李充还在马邑（今山西省朔州市）打了胜仗，凉州总管鲜卑人贺娄子干也在可洛峐（音“该”，今甘肃省武威市境内）击退突厥，但是这种小规模的胜仗并没有决定最终局势。十月，隋文帝命太子杨勇率军驻扎在与长安只隔一条渭水的咸阳（今陕西省咸阳市），命沁源公虞庆则率军屯于弘化（今甘肃省庆阳市）以防备突厥。

隋行军总管达奚长孺带兵两千在周槃（今甘肃省庆阳市境内）偶遇沙钵略所统的十万多人。隋军一见人众我寡，不免胆战心惊，达奚长孺却镇定自若，且斗志高昂，但最终还是因为人数过于悬殊，部队被冲散，隋军死伤十之八九。史载，达奚长孺所部“五兵皆尽，士卒以拳殴之，手骨皆见”。只有达奚长孺本人活着逃回来，后隋朝仍以其有功勋而拜他为上柱国。

另外，隋柱国冯昱屯驻乙弗泊（今青海乐都西部），兰州总管叱列长义守临洮（今甘肃省定西市临洮县），上柱国李崇守幽州，都被突厥打得落花流水。突厥纵兵入寇，武威、天水（今甘肃省天水市）、金城（今甘肃省兰州市、青海省西宁市一带）、上郡（今陕西省富县境内）、弘化、延安（今陕西省延安市）一带六畜皆尽。

沙钵略可汗见突厥大胜，便想一鼓作气南下掠夺，但达头可汗不同意，认为应该见好就收，径自领兵返回西域。长孙晟又派人游说处罗侯的儿子染干，希望沙钵略退兵。染干诈称高车叛变，眼看就要攻到位于杭爱山的大可汗牙帐了，沙钵略只好率部众退回塞外，使中原免去一场更大的浩劫。从此战中可看出长孙晟对突厥民族的了解，以及对漠北各部落情势的认知，确有过人之处。

隋朝因长孙晟之策得以暂时安定，隋文帝于是趁势整军经武。开皇三年，隋文帝命卫王杨爽等为行军元帅，兵分八路，出塞讨伐突厥，在长城北方的白道（今内蒙古自治区呼和浩特市）和突厥大军相遇。隋军有备而来，事出意外，沙钵略毫无还手之力，最后是脱下身上的铠甲，藏身草丛中，才躲过被俘的命运。紧接着，隋幽州总管阴寿又率步骑十多万人，出卢龙（今河北省秦皇岛市卢龙县）攻打投降突厥的北齐将领高宝宁。高宝宁大败，向东逃到契丹地界，后来被部下所杀。

沙钵略可汗虽大败逃回塞北，但重整旗鼓后，实力仍不可小觑。长孙晟又出谋划策，暗中派人去见大逻便阿波可汗，谎称达头可汗已和隋朝结盟，劝阿波可汗与其时刻担心会被沙钵略可汗算计，不如也归附隋朝天子，然后再和达头可汗合作，还可成就一方霸业。阿波可汗于是派人随长孙晟朝觐隋文帝。沙钵略可汗随即派兵袭击阿波可汗部众，杀了阿波可汗之母。阿波可汗见状，果真带着部属投奔西域的达头可汗，时为开皇三年。

阿波可汗到西域投靠达头可汗，并细说缘由，达头可汗大为震怒，就让他率军向东讨伐沙钵略，阿波可汗夺回原来的辖地，包括杭爱山以北，色楞格河流域，管辖高车、回纥等部落。处罗侯可汗也和沙钵略有些嫌隙，趁此时把部众归并到阿波可汗之内，时常与沙钵略兵戎相见。在突厥内部互相攻伐的情况下，各方都遣使到隋朝的京城长安，希望能得到隋朝援助。隋朝只要悠闲地坐山观虎斗，让突厥自相残杀，以逸待劳，就可坐收渔人之利。

不仅如此，隋朝还趁机出击突厥，开皇三年八月，隋遣尚书左仆射高颎率兵出宁州道（今云南省境内），内史监虞庆则出原州道（今宁夏回族自治区固原市）袭突厥。次年二月，苏尼部突厥男女一万多人投降隋朝。沙钵略派使者到长安，请求和亲，隋文帝准许，加封千金公主为大义公主，改姓杨。长孙晟为隋文帝制定的策略至此完全兑现。

隋文帝开皇九年（589），隋灭南朝陈，结束了南北朝混乱局面，重新统一中国。隋文帝不远千里地把从南朝陈后主宫廷掠夺来的屏风送给大义公主，以示恩宠笼络。大义公主得到屏风后，想到自己也是国破家亡了，对南朝陈不禁深寄同情，就在屏风上题了一首《叙亡诗》。事情传到长安后，隋文帝极为震怒。

后来，隋朝流人杨钦逃到突厥，突厥加以收留，杨钦造谣说突厥将反叛隋朝。此时，沙钵略可汗已过世，由子雍虞闾嗣立，称颉迦施多那

沙钵略臣服隋朝

沙钵略的上书文情并茂，引录如下：

“从天生大突厥天下贤圣天子伊利居卢设莫何沙钵略可汗致书大隋皇帝：皇帝，妇父（大义公主改姓杨后，即成为隋文帝名义上的女儿，所以说妇父），乃是翁比。此为女夫，乃是儿例。两境虽殊，情义如一。自今子子孙孙乃至万世，亲好不绝。上天为证，终不违负！此国羊马，皆是皇帝之畜。彼之缯彩，皆此国之物。”（《资治通鉴·卷一七六》及《隋书》）

隋文帝也回信给沙钵略，全文为：

“大隋天子贻书大突厥伊利居卢设莫何沙钵略可汗：得书，知大有好心向此也。既是沙钵略妇翁，今日看沙钵略共儿子不异。既以亲旧厚意，常使之外，今特别遣大臣虞庆则往彼看女，复看沙钵略也。”（《隋书·突厥传》）

当虞庆则到沙钵略牙帐时，沙钵略本人坐在王位上，摆出武装仪仗队及各种宝物，然后说自己生病了，不肯起立迎接虞庆则，并对虞庆则说：“我们突厥可汗自我父亲（乙息记可汗）、伯（木杆可汗及他钵可汗）以来，都不向人行跪拜之礼。”可贺敦大义公主私下也对虞庆则说：“可汗脾气像豺狼一样凶狠，如果跟他吵起来，他会像豺狼一样咬人。”

但口才极佳的虞庆则回说：“突厥可汗与隋国皇帝都是大国天子，既然可汗身体不便，不肯行跪拜礼，当然不敢勉强，但是可贺敦是隋帝的女儿，可汗就是皇帝的女婿，怎能不尊敬岳父呢？”

沙钵略无言以对，只得笑着对他的官员说：“岳父是要拜的。”于是叩头接下隋文帝诏书。虞庆则又要沙钵略自称“臣”，沙钵略问左右什么是“臣”？左右告诉他：“向隋称臣，就像在突厥称奴（突厥臣子对可汗都自称奴）。”这下沙钵略明白了，对虞庆则说：“能够成为隋朝天子的奴，都是靠你成全。”于是送虞庆则一千匹马，并把妹妹嫁给他。

都篮可汗，依照突厥习俗，大义公主重嫁给了都篮可汗，成为都篮可汗的可贺敦。恰好隋文帝又派长孙晟到突厥，大义公主对长孙晟出言不逊，更私下与中亚粟特人安遂伽及逃到突厥的隋朝流人杨钦密议，想煽动都篮可汗起兵反隋，长孙晟回国后向隋文帝详禀。隋文帝开皇末年（一说仁寿初年，600—601），长孙晟又动身到突厥索要杨钦，遭到都篮可汗的拒绝，长孙晟以重金贿赂都篮可汗身边的大官（或称“达官”，突厥官名），趁夜逮捕杨钦。说来也巧，长孙晟就在这时发现大义公主和安遂伽有私情，长孙晟于是公开此事，突厥上下颜面尽失。都篮可汗一气之下把安遂伽交给长孙晟，隋朝也撤废了大义公主的名号。

突厥迟迟不肯处置大义公主，刚好此时小可汗启民染干也一心想与隋朝和亲，隋朝便派驻染干辖地的裴矩不断地对染干说：“只有杀了大义公主，（隋朝）皇帝才同意和亲。”染干可汗便一再到都篮可汗境内散播、夸大大义公主的私情，都篮可汗最终忍受不了，杀了大义公主。染干可汗也如愿迎娶到了隋朝的安义公主。

《叙亡诗》

盛衰等朝暮，世道若浮萍。
荣华实难守，池台终自平。
富贵今何在？空事写丹青。
余本皇家子，漂流入虏庭。
一朝睹成败，怀抱忽纵横。
古来共如此，非我独申名。
唯有明君曲，偏伤远嫁情。

东、西突厥分立

开皇十八年（598），在西域发展的达头可汗开始向东扩张势力，进入漠北，逼迫都篮可汗联兵南侵。此时，处罗侯的儿子染干可汗力量微弱，基于扶弱抑强的策略，隋朝不惜出动重兵保护染干可汗，更调动大量人力替染干可汗营建大利城，以增强染干可汗的防御力量。

开皇十九年，达头可汗的力量更为壮大，威服西域，力量已超过伊利可汗的后人各大小可汗，隐然具有了大可汗的声势，只有隋朝支持的染干可汗仍不肯臣服于达头可汗。隋朝就在这年十月正式下诏，册立染干为意利珍豆启民可汗，“意利珍豆”的意思是“智勇兼具”，一般汉语文献都简称之为启民可汗。

隋朝册立染干为启民可汗，并重点扶植他，以抗衡在西域的达头可汗和阿波可汗。在隋朝的强力扶持之下，启民可汗成为大可汗，一家独大。

突厥因此形成南、北对抗的局面。

由于西面突厥达头可汗的力量极其强大，启民可汗只好逐步南徙，以便接受隋朝保护。启民可汗实行休养生息政策，所部逐渐壮大；而达头可汗虽然统领地域广大，但统治方式仍然沿袭传统，极尽剥削、奴役之能事，于是激起高车部落的反叛。

达头可汗北有高车诸部的叛乱，南有启民可汗的威胁，在腹背受敌的情况下，逃到吐谷浑，最后不知所终。西面突厥由泥利可汗占据。泥利可汗与启民可汗达成协议，闭地自保。远在中亚两河之间的突厥，则由达头后人统治，这是隋文帝时（7 世纪初）突厥的情况。

隋文帝仁寿四年（604），西面突厥泥利可汗过世。不久后，隋文帝也驾崩，其子杨广即位，是为隋炀帝。汉王杨谅不服，起兵造反。

之前杨谅曾经多次率兵协助启民可汗抗击达头可汗，于是暗中遣使启民可汗，希望他能出兵相助。据《隋书·王頍传》载，杨谅派出的密使在即将抵达启民可汗地界时，被隋炀帝的人抓到，隋炀帝因此与启民可汗产生嫌隙。

次年，隋炀帝改元大业；而西面突厥泥利可汗过世后，就由子泥撅处罗可汗（一作曷萨那可汗）嗣立。他以重金贿赂诸部，诱杀高车酋长，激起九姓铁勒的反叛，共推契苾部酋长歌楞、薛延陀部酋长也咥为大小可汗，创建高车汗国。如此，西面突厥对启民可汗的威胁大大减轻，高车部落也都依附启民可汗，启民可汗的力量顿时膨胀起来，引起隋朝不安。

大业元年（605），隋炀帝派韦云起为将，连同突厥骑兵两万人，前去讨伐契丹。韦云起斩杀突厥将领纥干，拿着纥干的人头恐吓突厥士兵，约令突厥士兵恪守军规。此次出征，隋军俘获契丹男女四万人，韦云起将女子以及畜产都赏给启民可汗，以挑起契丹与突厥的仇恨。

大业二年（606），隋炀帝派柳謇为使，要启民可汗率部众出塞，不

公元 17 世纪帛画

图中描绘了隋炀帝和后妃们在花园里

准放牧于水草丰美的定襄（今山西省忻州市定襄县）、马邑一带。启民可汗及大臣极为震惊。七月，启民可汗亲自到洛阳（今河南省洛阳市）向隋炀帝陈情。《隋书·音乐志》载："炀帝欲夸之，总追四方散乐，大集于东都（即洛阳）。初于芳华苑，积翠池傍演出黄龙变，倡女踩绳对舞……又有神鳌负山，幻人吐火，千变万化，旷古莫俦。"想以此震慑启民可汗，使其心悦诚服。

这一招果真管用，大业三年（607）正月，启民可汗率领大批突厥官员再度朝隋，这时正好有许多其他国家的使者也在洛阳。据《册府元龟》

所载，这次集会的盛况是："帝（指隋炀帝）御观风行殿，盛文物，奏九部乐，鱼龙曼延，宴于殿上。"

隋炀帝想以富丽堂皇的场面衬托出大隋帝国的富裕强大，以震慑四周各国。启民可汗于是投隋炀帝之所好，上表隋炀帝"请变服，袭冠带"（《册府元龟·卷八七三》），讨隋炀帝的欢心。隋炀帝高兴地对大臣牛弘说："我们大隋帝国衣冠服饰都有定规，引起突厥可汗自动请求改变辫发而加冠带，这都是你（指牛弘）建立衣冠制度的功劳。"喜悦之情溢于言表。

在讨得隋炀帝的欢心后，"出塞放牧令"也就不了了之，启民可汗的部族得以继续在水草丰美的定襄、马邑一带放牧。

启民可汗又极力招抚草原上散漫的突厥部落，笼络东边的奚、霫、契丹各东胡系民族。此时，西面的泥撅处罗可汗仍不时东来挑衅，然而优势已经掌握在启民可汗手中。东、西突厥优劣情势逆转的情形，引起隋朝警觉，又派熟悉突厥事务的长孙晟到启民可汗处刺探。长孙晟发现许多东胡部落不向隋廷进贡，原来贡赋都到了启民可汗的牙帐。隋炀帝于是决定大规模巡边，希望通过挥兵巡边，使突厥心生畏惧而不敢造次。

此时大约是大业三年下半年或大业四年（608）春天。隋朝的大部队

隋朝虎符

甘肃庄浪出土

故意经过启民可汗的辖地到涿郡（今北京市房山区以南），启民可汗的兵力跟隋军还有一段差距，所以只好任由隋军过境。

大业五年（609）的五月及七月，启民可汗分别派儿子拓特勤及侄子毗黎伽特勤到洛阳，准备迎接炀帝出巡。据《资治通鉴》载，当年秋天隋炀帝巡边，“发榆林、历云中，溯金河……甲士五十余万，马十万匹，旌旗辎重，千里不绝”，浩浩荡荡地来到突厥启民可汗的牙帐。启民可汗“奉觞（音‘商’，酒器的总称，也有举酒劝人饮用之意）上寿，跪伏甚恭”（《册府元龟》）。

隋炀帝对于诸东胡系民族都改向突厥纳贡非常不满意，于是就借着这次巡边大军通过突厥启民可汗牙帐的机会，恐吓一下到启民可汗牙帐来进贡示好的各东胡部族使者。隋炀帝宣称：“你们这些使者回去后告诉你们的国主，赶快来朝见大隋天子，不然我将率同启民可汗，领军到你们的国土去巡逻。”隋炀帝这样自大的口气完全是上国对附庸者的姿态。

隋朝时，漠北的高车各部都在武力征讨下臣服于启民可汗。室点密后人的西面突厥这时已经优势不再，传统突厥大可汗牙帐所在的杭爱山又重回启民可汗手中。启民可汗将牙帐移至杭爱山后，终于坐稳了大可

《册府元龟》

《册府元龟》是宋真宗于景德二年（1005）命王钦若、杨亿等编纂的史书。该书于宋真宗大中祥符六年（1013）完成，前后共费时八年。

《册府元龟》全书共一千卷，转录历代君臣事迹，按人、事、物分门别类，分三十一部，子目一千一百零四门。取材以正史为主，兼及群经诸子。由于成书于北宋，当时诸史古本多还存在，所以可信度很高。

启民可汗除草

长孙晟对启民可汗说："天子所经过的地方，不应该有污秽的杂草，所以降附的各部落酋长，要亲自割除天子所经之处的杂草，以表示对大隋天子的尊敬。"

长孙晟的意思是要启民可汗亲自动手除草，这样归附突厥的各部落酋长自然就会更加敬畏大隋天子。启民可汗一时之间没有领会长孙晟说这话的意思。长孙晟便走到启民可汗牙帐前，抓住一根大草说："这是一根大香草。"启民可汗闻了闻说："不香啊！"长孙晟接着说："天子所过之处，诸侯无不亲自洒扫除草，以表示尊敬。此刻在你牙帐前还能见到这些杂草，想必是香草，所以才留了下来。"

启民可汗总算明白了长孙晟的用意，忙说："奴罪过。奴之骨肉，皆天子赐也，得效筋力，岂敢有辞！"于是拔刀除草，其他各部落酋长眼见启民可汗都躬身除草，于是也纷纷动手除草。

汗的宝座。

从此，启民可汗励精图治、厚植国力，但在表面上依然和隋朝维持宗藩关系。

隋代青瓷武士俑

高 63.3 厘米，1953 年湖北武汉出土

东突厥与隋朝之争

突厥启民可汗过世后，其长子咄吉即位，称始毕可汗。咄吉在未继承汗位前担任设，有些文献将设写成“世”，所以始毕可汗又称咄吉世。据史料称，始毕可汗为人雄杰，谋勇兼具，启民可汗称霸大漠南北的雄心壮志终于在始毕可汗身上实现。

始毕可汗即位之初，立即到洛阳朝见隋炀帝。始毕可汗之所以如此低姿态，一方面是即位之初唯恐内部有所不稳，还需要与隋朝维持良好关系，以震慑内部；其次也要查探隋朝的实力，以便筹划未来应对措施。

隋朝此时内部冲突不断，而东突厥在启民、始毕父子统领之下逐渐强大，于是隋朝又对突厥采用离强合弱、分化离间之策。西突厥泥撅处罗可汗（604—611）不久归附于隋，但对隋不够恭顺。隋朝以长孙晟为使，给西突厥室点密的曾孙小可汗射匮可汗授箭为凭，立他为西突厥大可汗，密令射匮可汗发兵攻打泥撅处罗可汗。隋朝则派薛世雄率军从东面出兵。泥撅处罗可汗在东、西两面攻击之下大败，只好向东奔入隋境请降，时为隋炀帝大业七年（611）。

在隋支持之下，西突厥射匮可汗日渐强大，逼得已经称汗的薛延陀、契苾（都是高车民族）二部去掉汗号，再度臣服于射匮可汗。隋之所以扶植西突厥，目的在于以其抗衡东突厥，但射匮可汗威服薛延陀、契苾之后就满足了，一时无意向东扩张，使隋的计划落空。与此同时，始毕可汗已经征服高车中的回纥等部落，俨然成为一方霸主。

隋朝一计不成，又生一计。据《隋书·卷六十七》所载："献策分其（指始毕可汗）势，将以宗女嫁其弟叱吉设，拜为南面可汗，叱吉不敢受。"史料称始毕可汗"闻而渐怨"，加深了东突厥与隋之间的矛盾。此后，隋炀帝采纳裴矩之计，擒杀始毕可汗的心腹大臣史蜀胡悉。从此，始毕可汗不再朝隋，静静等待时机，准备与隋兵戎相见。

东突厥在启民、始毕两代可汗的经营下，鲜有战事，人民得以休养生息，牲畜大量繁殖，国力也大为增强。相较之下，隋炀帝好大喜功，时常对外发动无谓的战争，大大耗损了隋朝的国力。两相对照，胜负立判。

史蜀胡悉被隋设计诱杀后，始毕可汗心有不满，便纵容部属寇掠隋朝边境，双方时常在边境发生冲突。大业十一年（615）六月，突厥寇掠岚城（今山西省岚县），隋朝守将范安贵率兵迎战，结果"王师败绩，（范）安贵死，百司震惧"。（《资治通鉴·卷一八二》引《大业杂记》）

同年八月，隋炀帝亲率大军巡察边塞，希望能以重兵压境迫使始毕可汗臣服。此时，突厥羽翼已丰，隋炀帝刚进入雁门，始毕可汗就以十万大军团团围住雁门城。隋军多次出城应战皆败，城中十五万军民人人惊恐万分，粮食也只有二十天的存量。连隋炀帝也深感形势不妙，《资治通鉴》载："（隋炀帝）抱赵王杲而泣，目尽肿。"无计可施之下，竟想冒死突围。凉州刺史樊子盖冒死直谏，劝隋炀帝不要突围，只宜死守待援，又把求援诏书投入汾水（今山西省境内），以待援军。所幸萧瑀献计，派密使去见始毕可汗的可贺敦，即隋朝册封的义成公主，许以重赏，请她设法求始毕可汗撤军。隋炀帝只得采纳，并亲自巡城，勉励官兵坚守城池，许以重赏，局势才总算稳定下来。

义成公主接到隋炀帝的求救密旨后，就捏造北方高车部落叛变，可能南下攻打突厥牙帐的消息。恰逢隋将云定兴率兵进入崞县（今山西省原平市）勤王，刻意广发旗帜，首尾相衔，钲鼓齐作，令始毕可汗误以为有大量援军来到，只好撤兵北返，隋炀帝总算躲过一劫。

雁门一役彻底暴露了大隋帝国的败象，而隋炀帝一再开凿运河、修筑官道、兴建行宫、多次征伐，致使国库空虚，百姓不堪其扰，社会冲突不断。雁门之役后，王须拔造反，自称漫天王，建国号为燕，拥众十余万人。又有魏刀儿自称历山飞，也拥兵十余万。两人都向北方的突厥请求结盟。后来，王须拔兵败，逃入突厥，始毕可汗封他为南面可汗；历山飞魏刀儿战死，由部下甄翟儿继承余众，流徙各地。

史蜀胡悉之死

史蜀胡悉是粟特人，在启民可汗时期就受到突厥重用，参与汗国的军、政乃至外交事务，曾经随同启民可汗到洛阳朝见隋炀帝。

到了始毕可汗时，他更是受到倚重，经常为可汗出谋划策。裴矩于是向隋朝廷建议："突厥本淳，易可离间，但由其内多有群胡（这里指中亚粟特人），尽皆桀黠，教导之耳。臣闻史蜀胡悉尤多奸计，幸于始毕，请诱杀之。"（《隋书·裴矩传》）

隋炀帝采纳了裴矩的建议。裴矩深知粟特人唯利是图的心理，用贸易做诱饵，透露消息给史蜀胡悉，谎称要在马邑进行一次"边境贸易"。史蜀胡悉唯恐别人知道而使自己获利减少，就私下率同自己的属下，驱赶牲畜，日夜赶去。

谁知裴矩早就在马邑郊外布下重兵，擒杀了史蜀胡悉。之后又以朝廷名义，致书始毕可汗："史蜀胡悉率属归隋，突厥是大隋属国，史蜀胡悉背叛突厥，等于背叛大隋。现在我们已经帮你把他给杀了，特修书通知你。"

第六章

东突厥汗国与唐朝

东突厥助唐灭隋

雁门之役后，一时之间，中原地区反抗势力四起，隋帝国的覆灭已经指日可待。东突厥始毕可汗趁中原大乱时也插手中原事务，愈发使中原的乱象不可收拾。大业十二年（616），隋炀帝南巡江都，留越王杨侗在洛阳为监国；以宿将李渊为太原留守，王仁恭为马邑太守。

大业十三年（617），沿边诸郡几乎都高举叛旗。同年二月，朔方（今内蒙古自治区鄂尔多斯杭锦旗北）军官梁师都杀朔方郡丞唐宗，占据朔方郡起兵造反，自称大丞相，同时向东突厥始毕可汗称藩，始毕可汗则颁其狼头纛，封其为大度毗伽可汗。梁师都既受东突厥颁旗、封号，于是引东突厥入居河南地，并进攻盐川郡（今甘肃省定西市漳县）。

同月，马邑校尉刘武周杀太守王仁恭叛隋，向东突厥称臣求助。隋雁门郡丞陈孝意、虎贲[①]将军王智辩联军抗击刘武周，将刘武周围困于桑干镇（今山西省山阴县南），东突厥大军及时赶到，并击溃陈孝意、王智辩联军。刘武周乘胜攻破雁门、楼烦，更攻破隋的汾阳宫，虏获宫女无数，献给东突厥，东突厥则回赠以马匹。有了马匹，刘武周一时军威大振，又攻陷定襄，顺利返回马邑。始毕可汗封刘武周为定杨可汗，颁狼头纛。

此外，盘踞河西的地方豪杰李轨一面与西南方的吐谷浑结好，一面也向突厥求援。金城校尉薛举也起兵反叛，与梁师都结盟，互相拉抬声势，并以重金贿赂东突厥，希望能得到东突厥的马匹，以加强战斗力。

① 虎贲原为周天子的禁卫军，后世演变为守备部队。

隋末形势图

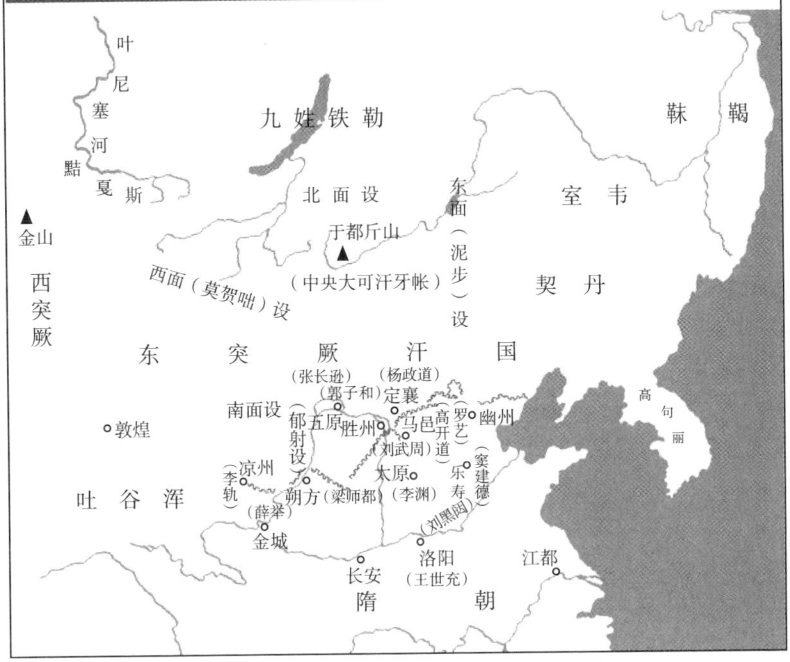

胜州（今内蒙古自治区准格尔旗一带）人郭子和也率众夺下州城，向南联合梁师都归附于始毕可汗，还把儿子送到始毕可汗身边当质子。始毕可汗封郭子和为平杨天子。“天子”名分太沉重，郭子和不敢接受，始毕可汗改封他为屋利设。

离石（今山西省吕梁市境内）人刘秀真、刘六儿兄弟二人也起兵造反，会同刘武周攻下石州（今山西省吕梁市境内），杀隋刺史王俭，自称突利可汗（即小可汗）。

隋五原（约今河套地区）太守张长逊眼见天下大乱，为了自保，就和始毕可汗之弟莫贺咄设结为兄弟，以避免被叛乱者攻击。始毕可汗封张长逊为割利特勤。

乐寿（今河北省沧州市）的窦建德、幽州的罗艺等地方官员也都争相与东突厥结好，东突厥来者不拒，而且是多多益善。因为中原愈混乱，对东突厥的扩张就愈有利，何况只要和中原豪杰结盟就可以坐收财物。

《隋书·突厥传》载："隋末乱离，中国人归之（指突厥）者无数，遂大强盛，势陵（同凌）中夏……薛举、窦建德、王世充、刘武周、梁师都、李轨、高开道之徒，虽僭（超越本分）尊号，皆北面（指东突厥）称臣，受其可汗之号，使者往来，相望于道也。"

地方割据者都结好于东突厥，许多隋朝地方官为了避免被反叛者攻破，也纷纷与东突厥结盟，向东突厥称臣。

这些向东突厥称臣、求援的割据势力，其掌握的地域实际上都成为东突厥版图的一部分，所以这时的东突厥汗国可以说是东亚大陆唯一的超级强国。

隋末离乱，东突厥独霸东亚，其疆域之广阔，《太平寰宇记》称："其（指东突厥）地东至辽海以西，南至沙漠，北至北海五千里，皆属焉。"可见东突厥之盛，直追汉初匈奴而毫不逊色。

东突厥与初唐

隋炀帝南巡江都时，以李渊为太原（今山西省太原市）留守。李渊胸怀大志且野心勃勃，他的几个儿子李建成、李世民、李元吉等也都个个能征善战。

除留守太原外，李渊还奉命兼河东捕讨使等职，防守边境，但此时的隋朝各地叛乱已风起云涌，李渊或许是为了保存实力而不积极平叛，朝廷于是另派王威、高君雅常驻太原，表面上是协助李渊，实际上是督察甚至监视李渊。此时山西北部已落入东突厥之手，大业十三年（617）五月，突厥兵临山西中部的太原，李渊使用空城计，打开太原四个城门，突厥大军反而犹豫，恐被李渊瓮中捉鳖，所以就撤退了。

太原城虽然得以保全，但李渊派出去尾随东突厥军的部队想趁其慌乱撤退攻击殿后的东突厥部队，却不敌对手，几乎全军覆没，据《大唐创业起居注》称，只逃回来一二百人。王威遂派人密报远在江都的隋炀帝，李渊于是先下手为强，杀王威、高君雅二人，同时举兵反隋。

这时的东都洛阳，李密正率军与越王杨侗、王世充所统率的隋军鏖战，李渊想趁隋军无力西顾，进军长安，夺下关中。为此，李渊派使者到东突厥去，以极谦卑的言辞请求结盟并且奉上厚币“屈节连和”（《大唐

李渊族系考

李渊的先人李虎曾为北周北方六镇的镇将之一，因功封为柱国将军，赐姓“大野”。只是这个姓“大野”和高车诸部中的大野部有没有关系，现已不可考。

后来，李渊建唐，坚称自己是陇西李氏。陇西李氏自战国以来就以出武将闻名于世，李渊坚称自己出身陇西李氏，也使人怀疑其真实性。唐代纂修了《北史》《晋书》《陈书》《北齐书》《南史》《周书》《梁书》以及《隋书》等八部正史，在二十四史中就占了三分之一，而且在修史的过程中，都经过严密的过滤，剔除有关李渊一族出身北方胡族的史料，以配合他出身陇西李氏的说法，然而百密仍有一疏。所以几百年来，对李渊一族出身的争论从未间断。

创业起居注·卷一》）。始毕可汗看完信函后，派康鞘利、极失热特勤达官等送给李渊千匹战马。李渊对这两个东突厥使者大献殷勤，《大唐创业起居注》说："愈加敬畏，不失藩臣之礼。"之后，李渊又派刘文静为使，带了大量金帛到始毕可汗的牙帐表示答谢，更进一步向始毕可汗表明："愿与可汗兵马同入京师，人众土地入唐公（李渊在隋朝的封号），财帛金宝入突厥。"

始毕可汗在得到刘文静贡献的金帛及李渊"财帛金宝入突厥"的保证后，也承诺会支援李渊。大业十三年八月，李渊誓师东征，攻下汾（今山西省汾州市）、绛（今山西省侯马市）两州后，遇到隋军顽强抵抗。正在进退两难时，刘文静带来了突厥兵，于是攻下韩城（今陕西省韩城市），从此一路西进。十一月，终于攻下长安。此时的李渊还不敢贸然称帝，一来怕引起各地豪杰的联合围攻，二来还没有得到东突厥的完全

李渊称臣

李渊在写给始毕可汗的信中说："征伐所得皆可汗有之，必以路远不能深入，见（同现）与通和，坐受宝玩，不劳兵马，一任可汗。"

在《新唐书》和《旧唐书》中，都看不到李渊曾经向突厥称臣一事。但在《旧唐书·李靖传》中还是留下了李渊曾向突厥称臣的记录，《旧唐书·李靖传》中写道："太宗（指李世民）初闻（李）靖破颉利（始毕可汗的弟弟，继始毕为可汗），大悦，谓侍臣曰：'朕闻主忧臣辱，主辱臣死。往者国家草创，太上皇（指李渊）以百姓故，称臣于突厥，朕未尝不痛心疾首，志灭匈奴（这里指突厥）。'"这段史料可以证明李渊确实曾向突厥称臣。

支持。进入长安后，李渊扶立留在长安的隋宗室杨侑，称恭帝，建元义宁。李渊总揽一切大权，想以此来骗过割地称雄的豪杰，更想借此号召各地反隋炀帝之士。此时，李渊虽无皇帝之名，但已有皇帝之实。

大业十四年（618）二月，隋炀帝被宇文化及所杀，朝中大乱。五月，王世充在洛阳拥立越王杨侗称帝，建元皇泰，拥有地方割据势力的杜伏威、窦建德、沈法兴、朱粲等都投向王世充麾下。

李渊所扶立的恭帝相较之下毫无号召力，于是在大业十四年，李渊废恭帝，自立为帝，建国号为唐，建元武德。

李渊自立为帝时，陇右的薛举也自称大秦皇帝，并与建牙帐于北幽州的东突厥莫贺咄设结盟，希望和东突厥联兵攻唐，以竞逐天下。七月，薛举大军已经迫近高墌（今陕西省长武县北），散兵且出现在豳岐（今陕西省旬邑县北），关中震动。李渊派次子秦王李世民统领所部八总管之兵拒敌，八总管大败，士卒死伤过半，大将军慕容罗睺、李安远、刘弘基战死沙场，李世民只好退回长安。

李渊于是调动一切兵力，交由李世民指挥，令他再度率军抗敌。李世民不仅能征善战，更善于运筹帷幄，他利用同是李氏宗亲的关系，说

王世充

《隋书·卷八十五》及《北史·卷七十九》都曾提到王世充是西域人。在古文献里，西域既指天山南北，也指中亚，范围较大，所以从《隋书》《北史》里无法知道王世充究竟是西域的哪里人。

据近代日本学者桑原骘藏考证，王世充的王姓是从母姓，他父姓支，可以由这个姓氏推出他是中亚粟特人。王世充家族从其祖父支颓褥时，就已定居中原，所以王世充可以说是汉化的胡人。

服河西李轨与之结盟，于是形成东、西夹击薛举之势。同时，李世民又派李琛、郑元璹等为使，携带大量金帛、美女到始毕可汗牙帐求亲，以争取始毕可汗的援助，还派宇文歆贿赂东突厥莫贺咄设，希望他拒绝和薛举结盟。这样，多管齐下的策略取得了预期的效果，李唐立刻声势大长，原来已降于东突厥的前隋五原（今陕西省境内）太守张长逊也见风使舵，投降李渊。李渊唯恐得罪东突厥，又遣使到始毕可汗牙帐，以废灵州（今陕西省铜川市耀州区东南）割榆中（今甘肃省兰州市榆中县）给东突厥为条件，希望东突厥同意张长逊所据的五原郡归唐。榆中是东突厥通往夏州（今陕西省靖边县北白城子村）的必经之路，当时由梁师都据有，东突厥觊觎已久，现在李渊拱手奉上，东突厥当然欣然同意李渊所提的条件，并附送李渊百匹名马。

唐获得五原后，实力大为增强。八月，李世民统兵向西讨伐薛举的儿子薛仁杲，彻底解决了李唐西面的威胁，进而为日后剪灭群雄奠定了基础，铺平了建立唐朝的大道。

曷萨那可汗

曷萨那可汗原名泥撅处罗可汗，是达头可汗的曾孙，在位期间穷兵黩武，在隋朝的挑拨下多次率兵攻打东突厥。隋大业七年失去汗位，投降隋朝。

大业八年（612），泥撅处罗可汗随同隋炀帝征高句丽，隋炀帝赐他为曷萨那可汗。大业十年（614）正月，隋以宗女册为信义公主，嫁曷萨那可汗。

曷萨那可汗极受隋炀帝宠信，隋炀帝南巡江都时，曷萨那可汗也随同前往。唐武德元年，宇文化及杀隋炀帝，统率南巡部众北上。年底，曷萨那可汗叛离宇文化及，投奔李渊。

同年九月，东突厥派以骨咄禄特勤为首的使团来到李渊阵营，李唐奉若上宾，特设盛宴款待，备九部乐伎伴奏助宴，引骨咄禄坐上御座（《册府元龟·卷九七〇》）。李渊对突厥“特使”骨咄禄行藩臣之礼，而骨咄禄特勤以及随同前来的使团成员在长安恃功骄矜，李渊都予以容忍（《唐会要·卷九十四》）。

唐高祖武德二年（619），唐高祖李渊逐个削平地方割据力量。此时中原除李渊外，还有盘踞在河北的窦建德和在洛阳挟越王杨侗以令诸侯的王世充。而窦建德在东降突厥后，只想割地称雄，野心不大。于是对李唐来说，竞争天下的对手只剩下王世充。

在拥立越王杨侗为帝后不久，王世充就废了杨侗，自立为帝，改国号为郑，使投奔他的隋朝旧臣大失所望。李渊的力量则蒸蒸日上，大有统一天下之势，引起东突厥的不安。之前中原割据，互相混战，东突厥左右逢源，就能获得数不清的好处。李渊势力变大，使得东突厥始毕可汗对李唐起了戒心。而李渊原本就只想利用东突厥来壮大自己，岂肯甘心长久做东突厥的附庸，因此，与东突厥决裂只是迟早的事。

武德元年（618）年底，原西突厥曷萨那可汗（604—611 在位）率部众向西投奔李渊。李渊对于曷萨那的来降大为高兴，“帝（指李渊）为之与引御座，赐为酒食”（《册府元龟·卷九二四》）。紧接着，李渊封曷萨那为“归义王”。

此事触怒了始毕可汗，于是遣使到唐，要求李渊杀了曷萨那，李渊没有答应，始毕可汗震怒。武德二年（619）二月，始毕可汗渡河到夏州，梁师都也率兵前来会合，始毕可汗又拨五百多名骑兵配属刘武周，三军联合意欲侵掠太原无果。四月，东突厥和唐双方开始互市。据《册府元龟·卷九七〇》记载，为求保命，于这年“四月，曷萨那可汗献大珠”。

武德二年六月，始毕可汗去世，东突厥遣使向唐报丧。李渊在长乐门

弃一人而保国

武德三年（620）义成公主对母国隋朝覆亡、皇室贵胄四处流落深感痛心，派人到河北窦建德处，接来隋炀帝的遗孀萧皇后。四月，义成公主将隋齐王杨暕的遗腹子杨政道扶立为隋王，令其管辖流落东突厥的几万中原人，又在定襄仿隋朝制度设立百官，形成东突厥的国中之国。义成公主此举引刘武周心生反叛，但因其武力与东突厥相比太过悬殊，所以隐而不发。

李唐也因几次讨伐刘武周无果，所以软化了对东突厥的态度。这时，处罗可汗又派使者到长安，要求唐朝杀曷萨那。唐因为连连攻打刘武周都遭尝败绩，考虑到在实力上跟东突厥还差一大截，对于处置曷萨那也开始犹豫不决。李渊交付廷议，群臣已经嗅出李渊有改变心意的迹象，《唐会要》写道："群臣皆曰：'保一人而失一国，后必为患'……上（指李渊）迟回久之，不得已，丙戌，引曷萨那于内殿饮宴，既而送中书省，纵北突厥（即东突厥，因在唐的北方，所以也称北突厥）使者杀之。"唐朝诛杀曷萨那，处罗可汗也因此对李唐有了好感。

为他举哀，并罢朝三日，又命文武百官到长安的东突厥代表处致祭。此外，李渊又派郑元璹为专使到东突厥牙帐参加始毕可汗的丧礼，赐布三万段。

始毕可汗去世后，其子泥步设年纪尚小，难当大任，由启民可汗的次子俟利费设嗣立，称处罗可汗。此时，隋朝嫁来的义成公主尚在，她身侍三位可汗，政治经验相当成熟，影响力也随之加深。义成公主本来就是隋朝宗女，于是新立的处罗可汗在她的影响下，一反始毕可汗扶持反隋力量的做法，大有反唐复隋的意味。东突厥决策陡变，对充满锐气的大唐帝国影响不大，反而是先起兵反隋的刘武周受到极大波及。

东突厥与唐的冲突

刘武周起初投靠东突厥时，被封为定杨可汗。李渊建唐后，击破各地方割据势力，进而统一天下。刘武周成为李唐首要的攻击目标，不料李唐几番攻打刘武周的军队，都被刘武周打得落花流水，还丢了好几座城池，刘武周反而因李唐的攻打而实力大增。

唐军继续讨伐刘武周，虽然一度获得胜利，但是很快又处于劣势。当唐军落败时，东突厥及时出兵助唐扭转局势，唐军又转败为胜。当时处罗可汗的弟弟步利设率精骑两千人，刘武周一退出晋阳，步利设就趁机占领晋阳，真正的目的是要把晋阳交给隋王杨政道。

东突厥在义成公主的影响下打出反唐复隋的旗帜后，集结了一批地方势力，这些人包括河北窦建德、夏州梁师都等。为了扩大反唐复隋的势力，处罗可汗派使者到洛阳联络王世充，王世充就以宗室女嫁给处罗可汗，并且与东突厥互市。武德三年（620）六月，东突厥又暗中遣使者到王世充的洛阳，既联络“邦谊”，又从事互市，使团驱赶着大量牲口前行。唐潞州（今山西省襄垣县北）总兵李袭誉攻之，虏获牛羊以万计。唐朝与东突厥的关系正式破裂。

唐朝游说东突厥控制下的各个地方割据势力反抗东突厥，这种政治攻势也收到一些效果。武德三年八月，梁师都所部的张举率部众降唐；九月，另一将刘旻也率部众降唐。敌消我长，李唐声势大长。

早先依附东突厥的郭子和在此时与处罗可汗有了摩擦，处罗可汗囚禁了他的弟弟郭子升，郭子和因此觉得危机四伏，也归附李唐。梁师都部众叛离，恐李唐声势日隆，于是游说处罗可汗大举攻唐，义成公主又从旁怂恿，处罗可汗终于决定出兵攻唐。

处罗可汗以梁师都为向导，军威壮大，唐派郑元璹带上重金出使东突厥，利诱处罗可汗息兵，遭到处罗可汗拒绝。武德三年底，处罗可汗急病而亡，唐朝暂时躲过一劫。

处罗可汗去世后，依传统习俗由东面可汗什钵苾嗣立，号突利可汗。始毕、处罗的弟弟西面可汗莫贺咄设则再娶义成公主，东突厥实权由莫贺咄设和义成公主掌握，莫贺咄自称颉利可汗。突厥内部已有汗位之争，政局开始陷入混乱。唐朝却愈来愈强大，逐步消灭地方割据势力。颉利可汗统治下的东突厥正逐步走向衰亡。

颉利可汗即位之初，凭借父兄留下的强大力量，让唐朝丝毫不敢轻忽。颉利志大才疏，想靠兵强马壮入主中原，《旧唐书》称："颉利初嗣立，承父兄之资，兵马强盛，有凭凌中国之志，高祖（指李渊）以中原初定，不遑外略，每优容之，赐予不可胜计。颉利言辞悖傲，求请无厌。"

颉利可汗想效仿叔曾祖父他钵可汗对北周、北齐的予取予求。李唐一再容忍东突厥使者的嚣张跋扈。但在李渊逐个剪灭地方割据势力后，励精图治，一旦自身实力壮大，必然会兵戎相见，一雪此前受辱之耻。

唐朝逐渐壮大，在东突厥颉利可汗即位之后，就规定对东突厥行文不再用"启"字，而用"书"字。到了武德四年（621），突厥寇掠大唐并州，掳走唐朝行人（官名，类似现代的特使之类）汉阳公瓌、曾多次出使东突厥的太常卿郑元璹、左骠骑卫大将军长孙顺德等。唐朝立刻扣留东突厥派来的使者多人。两国关系一时间剑拔弩张。

当时唐之所以敢跟东突厥怒目相视，除了自信本身实力可与东突厥对抗外，另一个更重要的因素是武德三年，西突厥统叶护可汗遣使来长安，双方约定于唐武德五年（622）冬合兵讨伐东突厥，所以唐的态度才会如此强硬。东突厥颉利可汗得知后，态度软化，又遣使向中原王朝请求和亲（《册府元龟·卷九七八》）。

唐朝虽与西突厥结盟全力平定各个地方割据力量，但这些地方割据力量或多或少都跟东突厥有所关联，消灭他们显然等于剪除东突厥伸入唐朝的爪牙。然而旧有的地方割据力量消除，新的叛乱者很快又和东突厥合作，让唐朝忙于安内。至于攘外，就只得往后推延了。

太行山以东的叛唐首领刘黑闼联合马邑地区的割据势力首领苑君璋，对唐朝的统一大业造成莫大困扰。武德四年、五年，刘黑闼遣使北上与东突厥结盟，双方一拍即合。颉利可汗派俟斤宋耶那率东突厥骑兵支援刘黑闼，刘黑闼军威大盛（见《旧唐书·刘黑闼传》），在唐朝关东地区制造混乱。为分散唐军的力量，颉利可汗又和在马邑的苑君璋联兵攻雁门，使唐朝穷于应付。武德五年（622），刘黑闼以洛州为都，自称汉东王，建元天造。唐朝以秦王李世民为帅，彻底击破刘黑闼。刘黑闼兵败之后只剩两百多骑，向北逃入东突厥。

苑君璋结盟东突厥，成为唐朝西北方向的肘腋之患，现又向雁门挺进，唐朝决意要除掉这个心腹大患，于是派李大恩镇守雁门，进而谋取马邑。李大恩本是窦建德麾下的一名勇将，降唐后赐姓李氏，纳宗籍，以之为代州（今山西省代县）总管，武德四年受封定襄郡王。但李大恩攻打马邑失败后，已经被扑灭的刘黑闼余众又死灰复燃，逃到东突厥的刘黑闼也在伺机而动，登高一呼，旧部众又齐聚旗下。武德五年，东突厥境内发生灾荒，需粮救急。同年六月，刘黑闼会同东突厥，趁李大恩进攻马

颉利可汗撤兵之因探询

颉利可汗之所以突然撤兵求和，其实是有迹可循的。武德三年（620），西突厥统叶护可汗与唐约定，双方将于武德五年冬联兵合击东突厥。此时已是武德五年秋季，故东突厥不得不对西突厥的来犯有所顾忌。

另一种推测则是颉利可汗在进军节节得胜的有利情况下，撤军改为和平谈判，是为了争取到较好的回报。不过这与游牧民族的习性不合，此说尚存疑。

邑失利，起兵寇掠太行山之东，威胁洛阳。颉利可汗又亲率大军南下攻并州，对唐形成东西夹击之势。李渊命太子李建成率军出豳州道，秦王李世民出蒲州道（今山西永济市），以抵御东突厥的入侵。

颉利可汗围攻并州后，又分兵进入汾州、潞州，掠夺男女五千多人。八月，颉利可汗又亲率大军十五万骑入雁门，声势浩大，唐太子李建成、秦王李世民、左武卫大将军段德操、云州（今山西省大同市）总管李和、左监门将军李勣等能征善战者出兵拒敌，以阻挡来势汹汹的东突厥大军。就在这个时候，颉利可汗率领的突厥大军忽然撤兵，并求和于唐。

颉汗可汗之所以亲率大军南下，是想将唐朝主力吸引到西边，便于东方的刘黑闼夺取洛阳。然而，颉利可汗正在节节得胜之机突然收兵请和，实在令人疑惑不已。且颉利可汗连战皆捷而突然撤军，与游牧民族传统观念及战术都不吻合，对东突厥军队产生了相当大的负面影响。唐朝对突厥的突然撤军及请求和亲一事，也觉得疑点重重，后来采纳封德彝提出“克捷而后和亲”的建议（见《旧唐书·卷六十三·封伦传》），决定先打胜仗再谈和亲之事。李渊于是调集精兵，重新部署。

郑元璹说服颉利可汗

关于郑元璹如何说服东突厥颉利可汗，《旧唐书》有一段精彩的记载：

“（颉利）及见元璹，责中国违背之事（指之前的和议），（郑）元璹随机应对，竟无所屈。因数突厥背诞之事，突厥大惭，不能报。元璹又谓颉利曰：‘汉与突厥，风俗各异，汉得突厥，既不能臣，突厥得汉，复何所用？且抄掠资财，皆入将士，在于可汗，一无所得。不如早收兵马，遣使和好，国家必有重赏，币帛皆入可汗，免为劬劳，坐受利益，大唐初有天下，即与可汗结为兄弟，行人往来，音问不绝。今乃舍善取怨，违多就少，何也？’颉利纳其言，即引还。”

九月，几乎沿边各郡都有战事，交州刺史权中通、弘州（今河北省阳原县）总管宇文歆、灵州总管杨师道联兵大破东突厥于三观山（今甘肃省庆阳市北），获得驼马数千匹；宇文歆率兵出击，又大破东突厥于崇冈岭（今甘肃一带），斩杀一千多名东突厥兵；定州（今河北省定州市）司马温彦博、骠骑将军魏道仁联兵在恒山之南抗击东突厥，又获得胜利，斩杀东突厥兵几百人；领军将军安兴贵在甘州（今甘肃省张掖市）抗击东突厥，大胜；并州大总管李神符在汾州之东出击东突厥，斩杀五百多人，掠获战马两千匹；汾州刺史萧顗获得的战果更是辉煌，斩杀东突厥五千多人。唐军在获得这一连串的胜利后，又派出能言善辩的郑元璹为使，到颉利可汗帐下，贿以重金，趁机离间颉利和刘黑闼的关系，最后达成和平协议。

颉利可汗虽然退兵，但仍以若干兵力支援刘黑闼。有了东突厥的支持，刘黑闼的势力开始增长，唐朝不得不以重兵围剿，却常常吃败仗。武德五年年底，夏州梁师都派弟弟梁杂儿引东突厥兵寇掠灵州，以牵制唐军，好让刘黑闼攻城略地。唐朝并未上当，仍然把刘黑闼当成主要敌人来对付，以太子李建成为统帅，率精兵出击，刘黑闼麾下精兵几乎全军覆没。武德六年（623），刘黑闼被生擒，唐朝北方的困扰从此解决了。颉利可汗的如意算盘落空，只好回过头来策动苑君璋攻取马邑，结果失败。

之后，苑君璋逃入东突厥，游说东突厥原来驻马邑收税监督的吐屯设发兵夺回马邑，但被部将高满政击退。后来颉利可汗统领大军再攻马邑，唐朝也派兵增援，几经攻防，马邑仍然被团团包围。唐朝派使者许以重贿，请颉利可汗撤兵，但可贺敦义成公主坚持要攻下马邑，于是马邑又落入苑君璋之手。适逢西突厥寇掠西边的消息传来，颉利可汗于是派使者与

马邑归唐始末

马邑在朔州（今山西省朔州市偏北），北近长城，为塞上汉族人聚居地。此地原来已被东突厥占领，东突厥用以作为刘武周的反唐基地，后刘武周因为坚决反隋，被东突厥废黜，改立苑君璋。

东突厥对马邑的汉族人实行严酷镇压，激起马邑民众的不满。唐朝消灭刘黑闼后，声势大长，加上唐朝历来善待降众，这在马邑民众及苑君璋军中产生很大影响。

武德六年，苑君璋部将高满政图谋发动兵变，以马邑城降唐，派手下心腹张天明先去降唐，并说明情形，希望得到唐朝派兵接应。高满政斩杀苑君璋之子，苑君璋则带一部分人逃入东突厥。

马邑归唐对安定西北具有相当大的作用，以后讨伐突厥也有了前沿阵地。

唐朝谈和，说是愿意交还马邑，并要求和亲，于是双方又暂时处于和平状态。苑君璋逃回东突厥避难，马邑之争最后仍是突厥落于下风。

东突厥颉利可汗以马邑城奉送唐朝，换取唐朝给他个人的重金贿赂，引起一些东突厥将士的不满。其中受东突厥支持的幽州高开道，曾竭尽所能出兵助颉利可汗攻打马邑，颉利可汗却把马邑奉送唐朝，高开道的部下尤为不满。

武德七年（624）二月，高开道的部将全树、张君立联合起来发动兵变，驱逐高开道。之后，全树又杀张君立，以幽州降于唐。恰好此时西突厥统叶护可汗的东侵又被击退，东突厥已无后顾之忧，颉利可汗正好移兵南下伐唐。

颉利可汗于是联合高开道所率的余部，又命苑君璋也率同部众，于武德七年南下攻唐朔州，一路南下寇代、原、陇等州，直逼关中，声势颇为浩大。此时唐朝内部一阵慌乱，朝中大臣为保卫京师和迁都争论不休，前者以秦王李世民为首，后者以太子李建成为首。最后，固守京师一派占了上风。

不久，东突厥颉利可汗、什钵苾突利可汗果然率大军来攻。唐朝以秦王李世民为主将、齐王李元吉为副将，统兵北御东突厥。不料关中大雨，处处淹水，运粮的道路都被淹没，武器也都生锈了，唐军士气大伤。据《册府元龟》记载，唐军“将士慑惧，三军大骇”。然而李世民另有妙招，他之前于武德初年曾奉使东突厥，与什钵苾突利可汗颇有交情，彼此曾约为兄弟，所以深知什钵苾与颉利可汗之间心结很深，于是亲自率领一万多骑兵，直接到什钵苾阵营，施离间之计，终于说服什钵苾撤军。颉利可汗一看什钵苾撤军，只好向唐军请和，唐于是转危为安。

东突厥什钵苾可汗自行撤军后，颉利可汗也不再支持高开道的反唐行动。唐派尚书左仆射（即尚书省长官，与侍中、中书令共称宰相）裴寂为使到东突厥，送上重金，以为笼络。不久，东突厥颉利可汗也派夹毕特勤阿史那思摩为使来到长安，李渊亲自引他坐上御榻，并对他说："见到特勤你如同见到可汗。"阿史那思摩说："我们可汗说皇帝陛下统御中原，我们可汗管辖漠北，各管一方，彼此互不侵犯，只是和汉人从事交易而已。"看来东突厥已经无力南侵，想要与唐和平相处。此时东突厥已是盛世不再，犹如强弩之末。

唐朝的长远准备

颉利可汗再度南侵之前，唐朝已经做了多年的准备。东突厥民族拥有众多骑兵、马匹，而中原农业国家的军队以步兵或车为主，机动性不够，速度差得更远，难以与游牧民族抗衡。唐朝如果想要彻底解决东突厥问题，就要先拥有足够的马，所以唐朝就利用和平时期跟东突厥互市的机会，大量购置马匹。唐朝广蓄战马，可见其眼光远大。

唐朝也深知东突厥兵强马壮，单凭一己之力，唐朝难操胜券，必须联合西突厥，形成东西夹击，令东突厥无法首尾兼顾。所以唐朝自立国后，就和西突厥来往频繁，进而结盟。武德八年（625），唐朝又许婚于西突厥。为此，唐朝派皇族高平王李道立出使西突厥，以和亲为手段，达成结盟共同攻防东突厥的约定。

唐朝又对长城加以整修，此外武德八年，李渊下令“多造船舰于五原、灵武，置舟师于黄河之中”。这是在建立“水师”，又“征江南习水之士”（《册府元龟·卷九九〇》），可见唐朝征伐东突厥是做了长远的准备。

武德八年、九年时，唐朝与西突厥结盟，对东突厥形成东西夹击的局面。不久，唐朝宫廷发生“玄武门之变”，秦王李世民杀太子李建成，宫廷大乱，颉利可汗认为有机可乘，又再度计划南侵。

“玄武门之变”后，李渊就禅位给李世民，自居太上皇，史称唐高祖。李世民即位，是为唐太宗，他对李渊起义之初曾臣服于东突厥一事引以为耻，一心讨伐东突厥。加之武德后期战事的各项准备工作都已完成，讨伐东突厥成为唐太宗即位后的重要任务。

唐太宗即位后改元贞观，派游击将军乔师望为使，册封薛延陀酋长夷男为真珠毗伽可汗，并且赐以鼓纛。夷男自是大喜，于是遣使入贡，并与唐朝约定南北夹击东突厥。此外，李世民又游说什钵苾可汗归顺唐朝。在权衡利弊得失之后，什钵苾可汗于贞观三年（629）降唐。

颉利可汗眼见薛延陀势力坐大，且受唐朝册封，九姓铁勒又背叛东

张公谨的六条建议

代州都督张公谨上书朝廷，认为此时正是讨伐东突厥的大好时机。他说：“颉利纵欲逞暴，诛忠良，昵奸佞，一也。薛延陀等部皆叛，二也。突利、拓设、欲谷设皆得罪，无所自容，三也。塞北霜旱，糇粮乏绝，四也。颉利疏其族类，亲委诸胡，胡人反复，大军一临，必生内变，五也。华人入北，其众甚多，比闻所在啸聚，保据山险，大军出塞，自然响应，六也。”

张公谨所说的拓设，就是阿史那社尔，他与欲谷设分别统辖高车各部，后来各部叛变，因而获罪。诸胡是指中亚昭武九姓粟特人，唐朝时所说的“胡”多是指中亚粟特人。

突厥，等于羽翼尽失，于是遣使长安向唐称臣，并请和亲，愿修女婿之礼。

贞观三年（629），唐朝代州都督张公谨上书朝廷。唐太宗同意出击东突厥颉利可汗，以兵部尚书李靖为行军大总管，代州都督张公谨为副手，共动员十多万人，分道出击东突厥。贞观三年十一月，讨伐东突厥的部署完成，阵容极为庞大，详细部署如下：

并州道都督李世勣为通汉（或作漠）道行军总管，兵部尚书李靖为定襄道行军总管，华州刺史柴绍为金河道行军总管，灵州大都督薛万彻为畅武道行军总管。

此时东突厥屡败于薛延陀，加上人疲马瘦，远非早年骁勇善战可比。九月，夏州都督窦静就曾派人潜入东突厥部落，游说他们归顺唐朝，结果郁射设所统辖的郁孤尼等九个俟斤就带领他们的人民归顺唐朝。到十一月大军出动时，唐又明确颁布招降措施："凡一人出降，赐物五匹，袍一领，酋帅悉受大官。"（《太平寰宇记·卷一九五·突厥》）东突厥连年和九姓铁勒、薛延陀作战，早已民不聊生，看到唐朝的招降令，士气大为瓦解，在战场上更是处于下风。隋末大乱时，逃到东突厥漠南

李靖

唐初军事家，雍州三原（今陕西省三原县东北）人

地区的中原众多汉人这时也揭竿响应，使唐军声势更为壮大，长驱直入，有如破竹之势。不久，东突厥什钵苾可汗率所部来降，受到唐太宗李世民的隆重礼遇，在中华殿设宴款待，由唐朝三品以上官员作陪。之后又有郁射设、荫奈特勤等率部来降。李靖也派人深入东突厥内部，离间颉利可汗的左右心腹。果然没多久，颉利可汗的心腹、粟特胡人康苏密就带着隋炀帝的遗孀萧皇后以及杨政道来降。至此，东突厥反唐复隋的政策彻底失败。

颉利可汗这时已是穷途末路，不过手下还剩十万多骑兵，他想越过大戈壁（指横亘于今蒙古国和我国内蒙古自治区之间的大沙漠），整顿九姓铁勒，然后东山再起。唐军通汉道行军总管李勣早料到颉利可汗可能逃往漠北，于是屯军大沙漠的入口。颉利可汗只能转而逃向他方，他手下的大酋长率部众五万多人降唐。

颉利可汗在南逃途中，又遇到李靖大军。唐军一阵拼杀，斩杀颉利所部一万多人，义成公主也死于此役，其子叠罗施被俘。颉利可汗再奔逃堂叔沙钵略设阿史那苏尼失部落，跟随他的只剩下他的侄子夹毕特勤阿史那思摩等十多人。颉利可汗本想从阿史那苏尼失部再逃到吐谷浑，只是唐军大同道行军副总管张宝相率兵追来，颉利只得和身边的几个骑兵逃到山谷，阿史那苏尼失向唐军请降，并派其子阿史那忠协助唐军进入山谷搜捕颉利。颉利可汗终于被俘获，押往长安。称雄一时的东突厥汗国至此灰飞烟灭。

次年（贞观四年，630）三月十五日，颉利到达长安。三月二十九日，唐朝举行正式的献俘仪式。四月初二，在长安正式举行凯旋大典。据《册府元龟·卷九八五》所载："李靖献颉利可汗，帝御顺天楼，盛陈文物，士庶纵观。"典礼完成后，唐太宗召颉利可汗入见，当面加以斥责，细数颉利可汗所犯的过错。

太宗斥颉利言

汝父启民之破也，匹马归隋，竟不能效一镞之力。汝次兄坐享富贵，恣情暴虐，酒色是耽，至令父祖不获血食，尔罪一也。与我邻国，侵我边疆，失信忘义，惟利是亲，尔罪二也。恃兵马之盛，数兴戎旅，部落怨嗟，僵尸遍路，尔罪三也。侵掠我子女，残暴我禾稼，焚烧我村坞，贼乱我华民，尔罪四也。我忘尔宿恶，悯尔同盟，许尔和亲，复尔宗国，迁延不来，至于逃罪，尔罪五也。尔有死罪五焉。今不杀尔者，徒以渭水结盟以来，更不南寇尔。（《册府元龟·卷九八五》）

武德九年（626）八月时，颉利可汗曾率兵到渭水便桥之北，派心腹执失思力进入长安以探虚实。执失思力向唐朝谎称颉利和什钵苾两位可汗领兵百万已经到了渭水便桥，意在威胁。唐朝以杀头威胁，执失思力才说了实情。“玄武门之变”发生后，太宗即位，亲自率领臣下去渭水便桥，意欲和东突厥缔结和约，颉利可汗同意撤兵，从此再没有领军入唐，唐朝得以恢复力量。

此时形势逆转，颉利可汗落入太宗之手，但太宗谨记渭水之约，赦免了颉利可汗，还让他和家人团聚，准其一家人住于太仆寺，由朝廷供应生活所需。后来更授颉利虢州（今河南省卢氏县）刺史头衔，颉利辞谢不受，改授右卫大将军，赐给田宅。从此，颉利一家终老长安。

贞观四年，唐太宗拜什钵苾为右卫大将军，封北平郡王，食邑一千户。其余东突厥贵族、酋长甚至中亚粟特人康苏密等都一一加以封赐。唐太宗之所以如此，一方面源于他心胸宽大的人格特质，更重要的是草原上还有好几十万东突厥人民，他们虽然畏威，却不可能怀德，假以时

《李素立不受夷人牛马》图

李素立，初唐官员。他出任燕然都护时，统率瀚海等六个都督府和七个州，以恩信安抚突厥、铁勒部人。李素立开辟田地，建立行政机构，让突厥人发自内心地服从他的军威。当各部赠送牛马给他时，他却只接受一杯酒，其余全部退还。李素立去世时，唐高宗特闭朝一日，赐他谥号“平”。此图出自《瑞世良英·卷三·廉吏传》

日，只要有人登高一呼，又会凝聚成一股力量，再度成为唐朝的边患。唐太宗礼遇这些来降或被俘的东突厥可汗、贵族、酋长乃至粟特族头领，使草原上广大的东突厥民众能够怀德畏威，心生仰慕，不再成为边患。在权衡利弊得失之后，唐太宗实施这些优遇措施，就当时情况而言是再合适不过了。

唐太宗于东突厥投降之后，采用温彦博施以教化的建议，把什钵苾可汗所统辖的地域分别设置为顺、佑、化、长四个州，把颉利可汗所统辖的地域分别设置为六个州，再分为左、右两府，左边三个州置定襄都督府，右边三个州置云中（今山西省大同市）都督府，以管理众多的突厥人民。

唐初对颉利可汗所统辖地域分设六个州，很可能就是唐高宗时的所谓“六胡州”。这种共分设十个州的做法可能是在贞观四年灭东突厥后

东突厥汗国世系

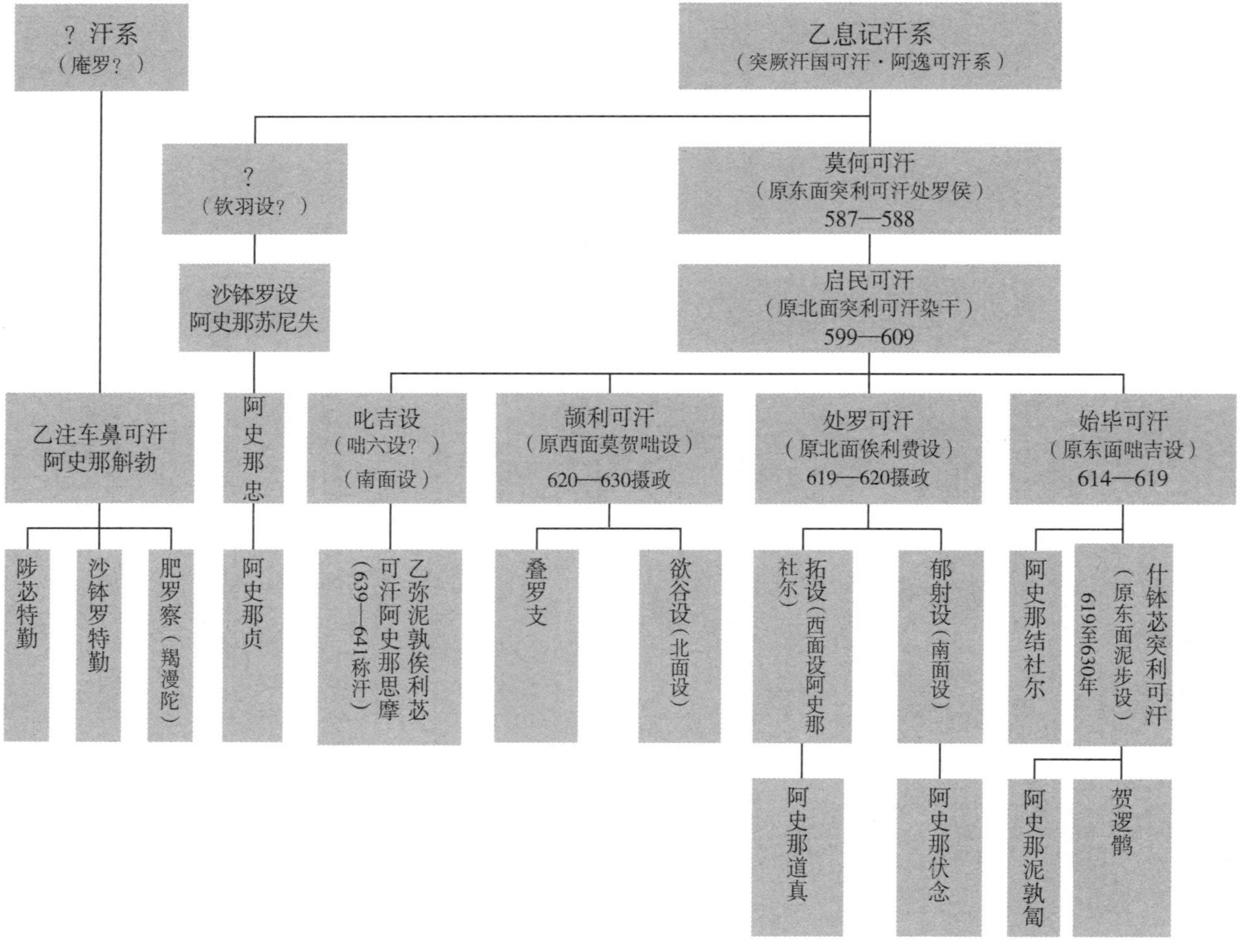
? 汗系
（庵罗？）
乙息记汗系
（突厥汗国可汗·阿逸可汗系）
?
（钦羽设？）
莫何可汗
（原东面突利可汗处罗侯）
587—588
沙钵罗设
阿史那苏尼失
启民可汗
（原北面突利可汗染干）
599—609
乙注车鼻可汗
阿史那斛勃
阿史那忠
叱吉设
（咄六设？）
（南面设）
颉利可汗
（原西面莫贺咄设）
620—630摄政
处罗可汗
（原北面俟利费设）
619—620摄政
始毕可汗
（原东面咄吉设）
614—619
陟苾特勤
沙钵罗特勤
肥罗察（羯漫陀）
阿史那贞
乙弥泥孰俟利苾
可汗阿史那思摩
（639—641称汗）
叠罗支
欲谷设（北面设）
拓设（西面设阿史那
社尔）
郁射设（南面设）
阿史那结社尔
什钵苾突利可汗
（原东面泥步设）
619至630年
阿史那道真
阿史那伏念
阿史那泥孰匐
贺逻鹘

就开始的，最初应该都是以汉人出任都督、刺史。由于突厥人以及许多粟特人无论语言文字、宗教信仰乃至生活习惯都跟汉人有很大的差异，治理不便，于是贞观四年（630）五月，以什钵苾出任顺州（今辽宁省朝阳市南）都督，由他管理东突厥各部落。什钵苾虽然没有了可汗的称号，只以都督名义管辖原来的东突厥部落，但仍握有统辖东突厥人的权力。

至于原来颉利可汗统治的地域，则由原来东突厥夹毕特勤阿史那思摩为北开州（今河南省濮阳市）都督，统领原来颉利可汗的部众。

6 世纪中叶突厥初兴起时，声势之大不可一世，北周、北齐争相讨好突厥。然而这种风光的日子不及百年，东突厥颉利可汗竟然成为大唐帝国的阶下囚，令人不胜唏嘘。

第七章

第二东突厥汗国

薛延陀与突厥各部的关系

自颉利可汗被擒后，东突厥汗国灭亡。唐朝之所以能轻易战胜东突厥汗国，除唐朝将士的英勇善战之外，更重要的因素则是唐朝联合薛延陀，南北夹击东突厥。

突厥曾是高车部之一。阿史那氏建立突厥汗国之后，一些高车部落效忠阿史那氏的领导，成为突厥汗国的一部分，由于不是阿史那氏，所以被称为异姓突厥或黑突厥。不肯服从的仍称高车，薛延陀就是其中之一。

当唐朝决心要讨伐东突厥时，就与薛延陀部密切接触，册立薛延陀酋长夷男为真珠毗伽可汗。当东突厥被唐朝剿灭后，东突厥在漠北的故地都被薛延陀占领。薛延陀有了东突厥故地后，建牙帐于都尉健山（今蒙古国境内）、独逻水（今蒙古国土拉河）之南，东与室韦接壤，西抵金山，南临突厥，北到瀚海，也就是尽占匈奴之地。据《新唐书》所称，薛延陀有胜兵二十万，北方草原进入薛延陀汗国时代。

夷男被唐朝册封为真珠毗伽可汗，这对薛延陀统治草原高车各部以及其他游牧民族有很大助益。自匈奴之后，北方草原各游牧政权首领都希望得到中原王朝的承认，以利于稳定统治权。薛延陀汗国成立之后，一直渴望与唐朝维持稳固的关系，因此经常遣使唐朝，以固邦谊。据统计，自唐贞观五年至十一年（631—637），七年之间薛延陀曾经九次遣使朝唐，备尽藩臣之礼。

薛延陀之所以如此顺服于唐，是因为当时其部落内面临以下几个问题。

一、东突厥余众势力犹存

东突厥政权虽已灭亡，但阿史那氏后人阿史那斛勃仍在金山一带收聚突厥余众，自行称汗为乙注车鼻可汗。许多草原上的突厥部落也前来投靠，一时间形成一股力量。薛延陀汗国虽然拥有东突厥故地，又奴役着被统治的突厥部落，但这些被奴役的突厥部落都想要投奔乙注车鼻可汗。乙注车鼻可汗力量日益壮大，时常骚扰薛延陀部。据史料记载，乙注车鼻可汗建牙帐于金山北部，拥兵三万多人，在草原上已可称雄一方。薛延陀使臣频繁出使唐朝，即是希望能得到唐朝的帮助。

二、西突厥汗国称霸西域、中亚地区

眼见薛延陀占领东突厥故地，奴役突厥人民，西突厥因此经常和薛延陀处于敌对状态。西突厥肆叶护可汗嗣立后，就曾兴兵北伐薛延陀，薛延陀兵败。《旧唐书·卷一九四》记载："肆叶护立，大发兵北征铁勒，薛延陀逆击之，反为所败。"因此，薛延陀须与唐朝维持稳定的和平关系，尽量避免两面受敌。

三、阿史那社尔的威胁

唐太宗贞观二年（628），东突厥命拓设阿史那社尔讨伐薛延陀，反被薛延陀打败，只好率部众退守可汗浮图城（今新疆维吾尔自治区吉木萨尔县城以北）。贞观四年唐灭东突厥后，不少东突厥部落前来投靠阿

阿史那社尔像

突厥族，是生活于唐初的著名少数民族军事将领，此为后人揣测的阿史那社尔像

史那社尔，阿史那社尔实力大增。西突厥肆叶护可汗崩后，西突厥内部阿史那泥孰（即弥射）和阿史那同娥设兄弟二人争夺汗位，最后由弥射夺得汗位，建号吞阿娄拔利邲咄陆可汗，同娥设则与其族人阿史那步真联合，继续反对弥射。这时，阿史那社尔诈称降于弥射，引兵西进，夺得大片土地。《新唐书·卷一一〇·阿史那社尔传》载："始为乱破吾国者，延陀也，今我据西方，而不平延陀，是忘先可汗，非孝也。事脱（应为若）不胜，死无恨。"可见阿史那社尔这一股突厥力量对薛延陀构成很大的威胁，因此薛延陀必须讨好唐朝，以免两面受敌。

四、部众难服

东突厥汗国原统治漠北各高车部落，东突厥灭亡后，薛延陀便继承了东突厥统治者的地位。但他之所以能够占有大草原建立汗国，只是因为依赖唐朝册封，所以缺乏号召力，草原上众多高车部落如回纥、葛逻禄、仆肯、骨罗及拔野古等都只是暂时臣服于薛延陀的统治。为此，薛延陀怎能不对大唐毕恭毕敬、备尽藩臣之礼呢？

五、唐朝境内的威胁

东突厥灭亡后，绝大部分东突厥人归降于唐朝，聚居在漠南乃至华北地区，在唐朝统辖下，人口增长、牲畜繁殖非常快，几年之间，元气大为恢复。游牧民族只要有足够的人口、牲畜，就是一股强大的战斗力，部分突厥人元气既已恢复，随时有可能北上恢复故土，对薛延陀来说，简直如芒刺在背。所以除了卑辞重贿于唐朝，期望唐朝约束这部分突厥人外，已无他法。

综上分析，东突厥汗国灭亡后，薛延陀虽然在唐朝扶植下建立汗国，填补了大漠以北的权力真空，但是薛延陀汗国的统治基础薄弱，其中一个很大原因是唐朝不愿意见到北方再出现一个强大而统一的游牧政权。唐太宗曾两次对什钵苾说："我所以不立尔为可汗者，惩启民前事故也。"

唐安置境内突厥人

史载，东突厥灭亡后，入唐的东突厥人多达数十万。而唐朝全盛时期的天宝元年（唐玄宗年号，742），全国总人口只有四千八百九十一万人。以此推论，唐初的人口大约只有四千万。如以这两个数字（入唐突厥人五十万，唐朝总人口四千万）来看，突厥人约为唐朝总人口数的八十分之一，比例相当大。中国人口向来是江汉以南多于黄河流域，这样看来，突厥人在北方所占的比例就更高，可能为二十比一，这在中国民族融合上具有不可忽视的意义，在研究中国民族史或突厥史时，也是一个不容忽视的课题。

贞观初年，为顺利讨伐东突厥，唐朝曾颁布招降的优待措施，其中最基本的一项就是凡来降者每人赏五匹马。加之突厥初降，必须由政府供应粮食，至少要供应三个月。这是极其沉重的负担，必须设法加以解决。唐太宗将如何安置突厥人的问题交由群臣研议对策。最后由唐太宗确定：一是不以政治力量去改变突厥人的游牧生活习惯；二是在黄河以南今鄂尔多斯一带及黄河以北凡有空隙之地，安插突厥部族。

唐太宗之所以做出如此决定，出自政治因素的考量。

其一，如果黄河以南都不安置突厥人，逼得突厥人都住在黄河以北，时间一久，很可能会与薛延陀沆瀣一气，让薛延陀势力坐大；如果不与薛延陀结盟，势必形同水火，北疆不得安宁。所以把突厥人安置在黄河南北两边，使之既不致与薛延陀成为合力，也不致形成冲突。

其二，东突厥汗国虽然灭亡，但是阿史那斛勃又在金山一带召集散亡的突厥余众，若过于防范入唐的突厥人，很可能会逼使他们向西投靠阿史那斛勃。如果让他们全部定居黄河以南，虽然隔绝了与阿史那斛勃联合的可能，但又会对中原构成威胁。因此对来唐突厥人的安置问题必须考虑到之后所产生的政治影响。

其三，唐灭东突厥，李靖、李勣与薛万彻等大将都立下大功。唐太宗唯恐这些将领恃功而骄，所以为压制这些大将，在处理入唐突厥人安置问题时将领们的意见都不受重视。唐太宗在此后开始任用突厥降将，开后世唐朝大量重用少数民族为将帅的先河，这股风气到玄宗时达到顶点，安禄山、李光弼、高仙芝、仆固怀恩及哥舒翰等人都是少数民族将领。

对于入唐突厥人的安置，大致是按照以上原则处理的，无论黄河以

李光弼

营州柳城人（今辽宁省辽阳市），唐肃宗时的大臣及名将

南或以北，以今天的地理名词来说，即内蒙古自治区中部偏北一带。历来各种文献对具体地点有不同说法，今人薛宗正在所著《突厥史》一书中曾将各文献所载的史料加以归纳，得出以下五种说法：

一、依《册府元龟》，入唐突厥人大致聚居于定襄、云中、顺、化、佑及长等六州都督府。

二、《新唐书·卷四十三·地理志》称："贞观四年平突厥，以其部落置顺、佑、化、长四州都督府于幽、灵之境，置北开、北宁、北抚、北安等四州都督府。"灵州之地约在宁夏回族自治区银川市一带；幽州则包括今北京、河北省北部。若依《新唐书》的说法，则东西跨距似乎过大。

三、《唐会要》称："贞观四年三月初二，分颉利之地为六州，左置定襄都督府，右置云中都督府，以统降虏。"云中约为今山西省大同

群臣论突厥安置

唐太宗将安置突厥人问题交由大臣商议。最初把入唐突厥人分配到黄河以南的兖（今山东省兖州市）、豫（今河南省汝南县）一带各州县，使他们男耕女织。近百万的突厥人及粟特人都可借此汉化，既可以增加中国户口，又能令塞北空虚。

中书侍郎颜师古则指出，突厥人本是游牧民族，逐水草而居，来去不定，现在改掉居无定所的天性，要他们像汉族人一样守住家园男耕女织，实在是不可能的事（《唐会要·卷七十三·安北都护府》）。中书令温彦博也认为强令突厥人男耕女织实在有违突厥民族特性，不是照顾养育之道（《册府元龟·卷九九一》）。

夏州都督窦静则建议：现在东突厥破灭，何不示以更大的恩惠，赐封好听的汗号，把宗室女子嫁给他们的可汗，分散突厥土地、人民，他们的力量就自然削弱了，这样就容易控制（《唐会要》）。

礼部侍郎李百药也有分散突厥部落的看法，认为突厥部落一旦分散，“国小则分其权势，势敌则难吞灭（只要各部落势均力敌，彼此都无法吞灭对方），自相保全，必无抗衡中国之理。”

但温彦博则持完全相反的主张，他说：“全其部落，得为捍蔽，又不离其土俗，因而抚之，一则空虚实之地，二则示无猜之心。”

大部分大臣都认为不该把突厥安置在黄河之南。颜师古说：“臣以为凡是突厥、铁勒（即高车），终须河北(黄河以北)居住，分置酋首，统领部落。”魏征也说：“今降者几五十万，数年之间孳息百倍，居我肘腋，逼迩王畿。心腹之疾，将为后患，尤不可以河南处也。”大臣们各执一词，互不相让，最后才由唐太宗做出决定。

一带，定襄则在今山西省太原以北，在云中、定襄之间设六州。但究竟是哪六州，各种史料都没有明确指出。

四、《贞观政要·卷九》称：东突厥降后“自幽州至灵州，置顺、佑、化、长四州都督府以处之”，意为东自幽州、西迄灵州，在这中间设置顺、

漠南诸羁縻州府

州府名	知名都督	建置年代	备注
定襄都督府	窦静	贞观四年（630）	主管突厥降部之汉族人都督府，治宁朔
云州都督府		本治盛乐，贞观十四年（640）徙治大同	贞观二十三年改名云中都督府
化州都督府	阿史那思摩	贞观四年三月	贞观十三年（639）废
顺（代）州都督府	什钵苾	贞观四年五月，贞观十二年（638）顺州省以怀化县来属	贞观六年（632）侨治营州南方五柳戍，后改为侨治幽州
丰州都督府	史大奈	贞观四年五月	
北安州都督府	康苏密	贞观四年六月	
北抚州都督府	史善应	贞观四年六月	
北宁州都督府	苏尼失	贞观四年六月	
北开州都督府	欲谷设、郁射设	不详	贞观八年（634）废

云中、瀚海诸羁縻州府

主管漠北的瀚海都护府（原燕然都护府）		主管漠南的云中都护府（后改称单于大都护府）	
瀚海都督府	贞观二十年（646）	舍利州	原属云中都护府，以安置东突厥余众
金微都督府	贞观二十一年（647）	阿史那州	
燕然都督府	贞观二十一年	绰州	
幽陵都督府	贞观二十一年	思璧州	
龟林都督府	贞观二十一年	白登州	
卢山都督府	贞观二十一年	苏农州	
坚昆都督府	贞观二十二年（648）	阿史德州	
坚毗都督府	贞观二十三年（649）	执失州	
东皋兰州	贞观二十一年	拔延州	
高阙州	贞观二十一年	贺鲁州	
鸡鹿州	贞观二十一年	葛逻州	
鸡田州	贞观二十一年	郁射州	
榆溪州	贞观二十一年	艺失州	
蹛林州	贞观二十一年	卑失州	
宾颜州	贞观二十一年	祁连州	原属原州都护府，以安置薛延陀余众
玄阙州	贞观二十一年	西皋兰州	
烛龙州	贞观二十二年	姑衍州	原属夏州都护府，以安置薛延陀余众
居延州	贞观二十一年	步讫若州	
稽落州	永徽元年（650）	嵠弹州	
浚稽州		鹘州	
仙萼州		低粟州	
浑河州	永徽元年	安化州	
狼山州	永徽元年	宁朔州	
新黎州	贞观二十三年	仆个州	

佑、化、长等四州，以安置入唐突厥之众。至于这四州的地点，只能笼统地说西起今宁夏回族自治区银川市附近，东到今北京市一带。

五、依据《册府元龟·卷四〇七》李大亮奏疏："于是言事者甚众，竟分其部为三都督府。"这里"竟"作"最后""最终"解，这样看来只把入唐突厥人分置黄河南北，交三个都督府管辖。

以上各种说法，都各有依据，但都不完整。试想，贞观四年平定东突厥后，投降的突厥人多达数十万（《太平寰宇记·卷一九五》中更提出"胡虏百万"），要安置这么多人，绝不可能一次会议、一次讨论就能够定案，而设置州、郡更不是一纸命令就能划定，必须分年实施，所以上述各种史料所记载的都是某一年决定设置州的记录，都正确，但都不够全面，况且其间有设而又废，另有新设等。此处无法详列，只依据前引薛宗所著《突厥史》中所列漠南诸羁縻州（类似明清时代土司）府一表，做一参考。

后来又逐渐合并成为两个都护府，其一叫瀚海都护府（原燕然都护府），主管漠北各都督府以及各羁縻州；另一为云中都护府，主管漠南各羁縻州，之后又改称单于大都护府。

唐朝几经整合，将入唐突厥分置于瀚海和云中两个大都护府及其所辖的各都督府、羁縻州管辖，但是对突厥的戒心并没有放松，尤其是对突厥汗族阿史那氏，更是提高警觉。因此入唐后，唐朝刻意贬抑阿史那氏，而重用阿史德氏族人。

《册府元龟·卷五四四》就记载了阿史德氏子弟受朝廷重用的情形："往因内侍，并叨殊奖，或执战丹墀，策名戎秩，或曳裾庠序，高步黉门。"阿史德元珍和暾欲谷都曾在长安就学，《册府元龟》说他们是"服改毡裘，语兼中夏，明习汉法，睹衣冠之仪；目击朝章，知经国之要；窥成败于图史，察安危于古今，识边塞之盈虚，知山川之险易"。

唐朝刻意培植阿史德氏子弟，其目的是要加以任用。云中都护府最初设置时，云中旧城就已有三百家阿史德氏族人，许多阿史德氏族人都在唐朝任官。如阿史德枢宾就任定襄都督，这是地方官员，被授以督兵讨伐奚、契丹的大权。而东突厥虽降于唐，但突厥声威并未消失，就是因为阿史德氏掌有大权，可以东征西讨的缘故。

自有突厥以来，阿史那氏与阿史德氏就互为婚姻，两个氏族号称突厥的“贵种”，也就是所谓的“蓝突厥”；非贵种的突厥则称之为黑突厥或异姓突厥。但突厥自灭柔然壮大之后，北周、北齐乃至隋、唐都曾与之和亲，于是许多突厥可贺敦就不再出身阿史德氏，等于排斥阿史德氏于权力核心外，这种权力的失落感使阿史德氏心生不满。即使唐朝培植、重用阿史德氏子弟，也无助于提升阿史德氏在突厥内部的社会地位，为日后突厥叛乱埋下了一粒种子。

突厥叛乱

突厥人被安置在众多的都督府、各羁縻州后，由于突厥是游牧民族，无论语言、生活习俗都与中原汉人不同，不可能由汉人出任都督或刺史，所以不久之后，又派什钵苾为顺州（今辽宁省朝阳市南）都督府都督，什钵苾虽无可汗之名号，却依然享有可汗一切统御、指挥的权力。唐太宗自平定东突厥之后，并未强制实施任何民族融合的措施，突厥与汉人即使相处日久，彼此也壁垒分明，突厥仍不甘心做大唐子民。

中原王朝向来重农轻商，当时丝绸之路都在突厥人控制之下，庞大的贸易利益都进入突厥人口袋。在唐朝的保护之下没有战争，突厥很快便生机勃勃。入唐突厥已非初降时的孱弱不堪，岂肯甘心归顺大唐？

唐太宗过世之后，其子李治继位，改元永徽，史称高宗。唐高宗的军事才能没有他的父亲杰出，时间长了，给突厥壮大之机。唐高宗龙朔二年（662），西域龟兹在吐蕃的支持下反唐，唐朝派大将苏海政会同向唐称藩的阿史那弥射、阿史那步真联兵前去讨伐。行军途中，阿史那弥射被误杀，苏海政又不敢与吐蕃决战，只得签订和议往回撤。阿史那弥射部将见主帅被冤杀，就率所部公开叛唐，自称西突厥可汗。

唐高宗麟德元年（664），漠南突厥酋帅要求册封亲王为可汗，唐朝于是就在这一年改云中都护府为单于大都护府，册封殷王轮领单于大都护，想借此安抚突厥，但是似乎为时已晚。

到唐高宗乾封二年（667），阿史那步真过世，其部将李遮匐也率所部公开叛唐，当时吐蕃王朝力量如日中天，这两股反唐突厥力量都托庇于吐蕃。唐高宗咸亨元年（670），唐朝派薛仁贵、郭待封及阿史那道真率军护送吐谷浑（初为吐蕃所击，逃离故土）返回故土，在大非川（今青海湖南方）遇到吐蕃，唐军大败，三位主帅均被免去官职。唐朝又于唐高宗仪凤三年（678）再由宰相李敬玄统率十八万大军与吐蕃战于青海，唐军又大败。在阿史那贵族看来，突厥人重建自己政权的时机已经到了。

唐高宗调露元年（679），单于大都护府所统的二十四个入唐突厥州一举反唐，出现了以阿史那泥孰匐、阿史那伏念两个阿史那贵族为主的政权，为第二东突厥汗国登上政治舞台拉开了序幕。

第二东突厥汗国

在吐蕃支持下，西突厥十姓可汗与阿史那步真部将李遮匐，侵略唐朝在西域所设置的安西都护府。后来，波斯与阿拉伯作战失败，波斯国王泥涅斯逃到长安，请求唐朝保护，唐朝即以护送泥涅斯返国为名，派裴行俭率大军沿途护送，欲趁机整顿西域。

唐朝北方边疆此时国防空虚，阿史德氏认为有机可乘，于是就联络漠南诸部突厥，准备起兵反唐。调露元年（679）冬季，单于大都护府阿史德温傅、阿史德奉职二部也高举叛旗，拥立阿史那泥孰匐为可汗。一时间，单于都护府所辖二十四州群起响应，人数多达十万。

单于大都护府虽然名义上是殷王轮出任大都护，实际由长史（是官府或军府诸属吏之长，相当于今天的秘书长）萧嗣叶掌权。萧嗣叶在边地多年，累积了许多治边经验，也建立了许多功勋。但二十四州都督叛

裴行俭

唐高宗时名臣，唐代著名政治家、军事家、书法家

变事出突然，萧嗣叶凭借少数汉兵奋勇出战，最后仍是失败，之后被朝廷流放桂州。阿史那泥孰匐逐走萧嗣叶后，声势大长，东边的契丹、奚也起而响应，唐虽多次派军，但都阻挡无果，漠南终于又落入突厥之手。

当突厥在漠南叛唐时，正是裴行俭率军到西域平定西突厥十姓可汗与李遮匐之乱之时。裴行俭得胜班师后，唐高宗立刻委任他为定襄道行军大总管，北上平定突厥之乱。裴行俭此次出师阵容极大，总兵力多达三十多万，是唐建国以来最壮大的军容。

裴行俭大军浩浩荡荡顺利进入漠南。调露二年（680）三月，裴行俭大军在黑山（今辽宁省境内）与阿史德奉职所统率的云中都督府突厥军交战，唐军大胜，活捉阿史德奉职。阿史那泥孰匐也在战乱中被部下所杀，

裴行俭巧计保粮草

后勤补给是战场上胜负的关键，正所谓：“大军未动，粮草先行。”可是在广大的草原上，粮草很容易就会被熟悉草原地理环境的突厥给劫走。因此裴行俭以三百辆伪装运粮草的车，每辆车藏五个壮士，配备利刃、强弩，再以孱弱的士兵作为推车的兵丁，另外再派出劲旅在远处埋伏监视，就这样缓缓向草原推进。

待突厥兵一拥而上后，那些推车的老弱兵丁立刻逃走。于是突厥就推着伪装的运粮车走向有水的地方，准备打开车盖取粮时，车中壮士立刻蜂拥而出，而后面尾随的精兵适时赶到，展开围杀，突厥兵在毫无防备之下被斩杀殆尽。此后唐军的运粮车就畅行无阻。后勤补给一旦解决，即有过半的胜算。

首级被用来献降。阿史德温傅一见大事不妙，率领一些残兵败将退到狼山（今蒙古国巴彦乌列盖省西部），投奔高车族的葛逻禄。阿史那泥孰匐的突厥政权只是昙花一现。

当裴行俭班师南返时，阿史德温傅又聚集突厥余众进围云州，结果被唐潮州都督窦怀哲与左领军中郎将程务挺率军击退。唐朝上下陶醉在胜利的气氛中。同年八月，阿史德温傅从夏州迎来颉利可汗堂兄之子阿史那伏念，立他为可汗，突厥人特别重视出身，一见有阿史那家族的人立为可汗，许多部落又聚集在他身边形成一股力量。

阿史那伏念于是又寇掠漠南各地，势力愈加强大。大唐朝廷只得再度任命裴行俭，以定襄道行军大总管职衔率军前往讨伐。

裴行俭再度挂帅出征，除了详细部署外，又联合回纥，约好南北夹击阿史那伏念。此外，还派人分别到阿史那伏念和阿史德温傅营中行离间之计。经过几次密谈，阿史那伏念愿意降唐，并同意诱捕阿史德温傅。几天之后，阿史那伏念抓了阿史德温傅到裴行俭营中请降，裴行俭将阿史那伏念和阿史德温傅都当作战俘献给朝廷，后被高宗皇后武氏所杀。此时，唐朝宫廷内部卷入激烈的派系斗争，一场更大的风暴正在酝酿之中。

唐朝斩杀阿史那伏念的消息传到草原后，各突厥部落几乎群起暴动。朝廷赶忙为阿史那伏念平反，追封他为太仆卿（掌车舆及牧畜，为九卿之一），但为时已晚。此事加速了第二东突厥汗国的诞生。

唐朝虽追封阿史那伏念为太仆卿，但是突厥人的愤怒并没有就此平息。伊利可汗的后裔阿史那骨咄禄聚集一批人，以总材山（可能是今内蒙古自治区阴山）为根据地反唐。单于大都护府运用各种方式联合奚、契丹、回纥等力量打击骨咄禄。但骨咄禄凭着不屈不挠的精神渐渐得到突厥人拥戴，聚众五千多人，自称颉跌利施可汗。“颉跌利施”是突厥语 Elterix 的音译，有的学者考证其意是“促成部落联合”。有了响亮

武后杀突厥战俘

唐高宗皇后原为王氏，后改立武昭仪为后。高宗为人低调、仁慈，与一般帝王有所不同，不喜欢大兴土木，也不信方士之术，身体也不太好，而武后则对政事颇有兴趣，又有才干。因此时日一久，武后渐渐帮高宗处理朝中大小事务，朝臣也自然形成拥李唐派和拥武后派。

唐高宗永淳元年（682）后，高宗病情逐渐恶化，武后大权在握。朝中重臣裴炎和随同裴行俭讨伐单于大都护府作战的程务挺等都是拥武后派。裴行俭早年因为反对立武氏为后而被贬出戍西域，但由于他确实拥有军事才华，所以讨伐西突厥、单于大都护府之乱还是不得不用他。阿史德温傅、阿史那伏念之叛，裴行俭也是兵不血刃就抚平叛乱。

裴行俭曾上奏朝廷许诺不杀阿史那伏念，而武后也承诺不杀阿史那伏念。但朝廷的派系斗争使杀突厥战俘派日渐上升，终使武后自毁诺言，于唐高宗弘道元年（683）十月，在长安斩杀阿史那伏念、阿史德温傅等五十四名突厥人。这是唐开国以来第一次杀降唐的突厥战俘，裴行俭喟然叹之：“今而杀降，后无来者。”

的名号，更有利于号召突厥人民，人数愈聚愈多。再加上骨咄禄身边有两个重要的谋臣——阿波达干阿史德元珍和裴罗莫贺达干阿史德暾欲谷，此二人均为阿史德氏，也都在长安读过书，非常了解中原形势，这对阿史那骨咄禄的反唐行动大有帮助。

唐高宗永淳元年，阿史那骨咄禄建牙帐于黑沙（今内蒙古自治区呼和浩特西北），正式建立第二东突厥汗国。骨咄禄共在位十一年（682—692），大致与唐高宗晚期及武后代唐建周的时段相符。唐朝政权的更迭给了骨咄禄很好的发展机会。弘道元年，高宗驾崩，唐朝围剿力道减弱，骨咄禄脱困而出，收复杭爱山，迁牙帐于此，等于宣告突厥汗国再次成立。

骨咄禄迁牙帐于杭爱山后，派裴罗莫贺达干阿史德暾欲谷率兵攻打北方的九姓铁勒部落；派阿波达干阿史德元珍统兵向南攻略唐朝边境。阿史德暾欲谷骁勇善战，将九姓铁勒打得落荒而逃，第二东突厥汗国的漠南地区不但就此安全，而且还向漠北推进一些地区。散落在草原的突厥部落也向骨咄禄靠拢，力量更加壮大。阿史德元珍所统领的军队在南方也战胜唐朝的张虔勖，更攻至单于大都护府北境，夺下定襄，转而攻打岚州，杀岚州刺史王德茂，再攻并州，一时震惊大唐朝廷。唐朝不得已只好起用被罢黜多年的薛仁贵为代州都督讨伐骨咄禄，据《唐会要·卷九四》所载，“奋击，大破之”。

弘道元年，阿史那骨咄禄再度发兵南下，直达安置西突厥的丰州（今内蒙古自治区内）。骨咄禄一进入丰州，境内的突厥精骑都投向他，他

第二东突厥汗国名称

中外许多学者又称第二东突厥汗国为“突厥第二汗国”“后突厥汗国”“后突厥国”或“后东突厥汗国”。

其实这些说法都不够全面，这个汗国的疆域始终不能包含整个大漠南北，更不用说广大的西域，与东突厥汗国相差太大，况且当时西突厥汗国依然存在，所以这几种称呼都有可商榷之处。本书以第二东突厥汗国称之，或许比较合适。

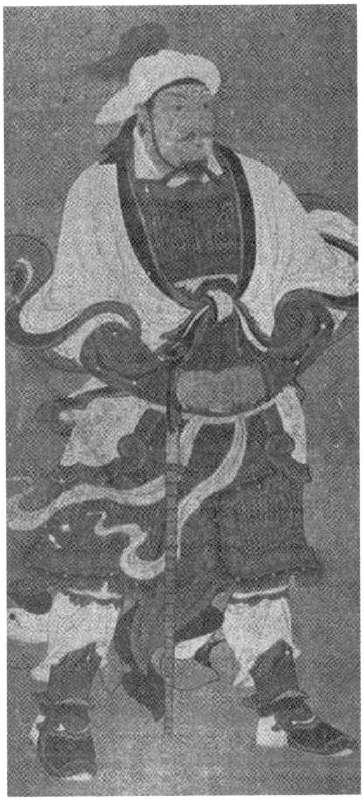

薛仁贵

唐代军事家、政治家，此为北京故宫南薰殿藏画

的实力又增强许多。唐朝一度有意放弃丰州，但是当时的宰相唐休璟认为丰州一带水草丰美，农牧两宜，一旦放弃，灵州、夏州就岌岌可危。一番合情合理的说辞，总算保住了丰州这个边防要地。唐朝改命程务挺为单于道安抚使，以抚代征。

阿史那骨咄禄颉跌利施可汗除了南征北讨之外，还利用九姓铁勒各部之间的冲突将其一一分化。例如，唐朝特别优宠九姓铁勒部中的回纥，任命回纥酋长比栗为都护，同意对唐称都护，对内称可汗，使得其他各部心生不满。阿史那骨咄禄于是派人前往游说九姓铁勒各部，使九姓铁勒分成两个集团。其中一派姑且称之为“亲唐派”，以回纥为首，追随者有契苾、浑及思结等部；另一派则不妨称之为“亲突厥派”，以同罗、仆固为首，还有其他一些小部落。

九姓铁勒分裂成两个集团后，情势变得剑拔弩张，终于在唐睿宗垂拱元年（685）兵戎相见。回纥居于劣势，请求唐给予支援，唐朝也立即调动河西、碛西（今甘肃省西部至新疆维吾尔自治区东部）的兵力出援。并再派右豹韬将军刘敬同率领河西骑兵从居延海（今内蒙古自治区阿拉善盟额济纳旗北部）北上讨伐同罗，此外又命金山都护田扬名率十姓西突厥兵从西边进入漠北。唐军平定了同罗、仆固，但是回纥也损失惨重。结果正中阿史那骨咄禄下怀，同罗、仆固等部经西突厥十姓诸部之手，已无反抗能力，回纥也被洗劫一空。此役为第二东突厥汗国进入漠北铺平了道路。

十姓西突厥参与漠北九姓铁勒的战争饱掠而归，唐朝持节监军（类似于监察机构的官员）乔知之上奏弹劾十姓西突厥军队目无法纪，肆意掠夺，负责动员西突厥军的金山都护田扬名因此被免职，且连坐惩处西突厥十姓酋长及豪杰，激起叛变。因此，唐朝虽然平定漠北九姓铁勒之乱，也再度恢复安北都护府，但整体而言得不偿失。

西突厥对唐朝的处置不服，因而有反唐举动，激起阿史那骨咄禄向西扩张的野心，他想统一大漠南北并向西域发展，重现早期大突厥汗国的盛景。

金山都护田扬名获罪免职后，金山都护府也随即撤销。垂拱元年（685）十一月，唐朝册立西突厥可汗后裔阿史那弥射的儿子——右豹韬中郎将阿史那元庆为兴首亡可汗，希望通过这种羁縻手段招降叛变的西突厥十姓豪酋首领他匐。想不到他匐将阿史那元庆抓起来，向东联合第二东突厥汗国的阿史那骨咄禄，以便扩大声势。

垂拱二年（686）九月，唐朝又册立阿史那步真的儿子阿史那斛瑟罗步利设为继往绝可汗。继往绝可汗一举平定西突厥十姓的他匐之乱，安西四镇（龟兹、疏勒、于阗及碎叶）重新归大唐所有。

不久，吐蕃王朝夺下安西四镇中的三镇，只剩下碎叶（今吉尔吉斯斯坦托克马克市附近）还在唐朝手中。东突厥阿史那骨咄禄也趁机西掠，加紧对西域的攻势，时为唐睿宗永昌元年（689）。唐朝这时的皇帝虽为高宗之子睿宗，但实际大权全操控在武后手中，武后以薛怀义为帅，赐名新平军大总管，率军北伐第二东突厥。结果大军走到紫河（今山西省境内）都没有遇到突厥兵，薛怀义就班师回朝了。同年九月，武后再令薛怀义率二十万大军讨伐阿史那骨咄禄，但这次薛怀义还是无功而返。

薛怀义两次出征都没有遇到东突厥部队，最有可能的解释就是此时的骨咄禄率军经营西域，这对继往绝可汗来说是不小的压力，眼见东突厥骨咄禄亲率大军西来，自认为无法抵挡，只好率领六七万人东进嘉峪关（今甘肃省嘉峪关市），入居内地，请求唐朝保护。唐朝封他为右卫大将军，册立为竭忠事主可汗。

竭忠事主可汗手下有一个莫贺达干（官名，可能是汉语“大官”的突厥音译）叫乌质勒，他是突骑施（属西突厥的一个边远部落）部酋长，足智多谋、骁勇善战。当竭忠事主可汗逃往中原时，西域重镇碎叶一度落入东突厥骨咄禄手中，乌质勒就聚集西突厥人马，仿唐朝军队编制，共设二十个都督，每个都督下有士兵七千人，大约召集了十四万人之多，《新唐书》称“诸胡顺附，帐落寖盛”，终于从骨咄禄手中夺回碎叶城，而且建牙帐于此。骨咄禄与阿史德元珍商量，意欲夺回碎叶，于是在武周天授二年（691）与阿史德元珍共率大军讨伐乌质勒。但阿史德元珍战死沙场，第二东突厥汗国损兵折将，骨咄禄重建突厥汗国的宏愿也就此幻灭。

依据学者研究，骨咄禄可能也在这次战役中身负重伤。据《旧唐书》及《通典》所载，骨咄禄死于武周“天授中”（约 691），正好是骨咄禄、

武则天议设北都

武周长寿二年（693），大唐收复安西四镇，开始着手处理北方第二东突厥汗国的问题。唐朝原来已有东（洛阳）、西（长安）二都，国都向来置有重兵，所以武则天有了把靠近东突厥的并州设为北都的念头（《资治通鉴·卷二〇五》）。

唐时并州只含有今山西省太原市一带，此地接近东突厥。一旦唐朝在此部署重兵，对第二东突厥汗国默啜可汗确实具有震慑作用。退一步可以保障唐代北疆的安全，进一步则随时可以进讨突厥。

但在并州设北都一事最后并没有实现，可能是由于当时武则天代唐建立武周后要面对层出不穷的内部斗争，也有可能立并州为北都必须有庞大的预算支持。总之，设北都之议最后不了了之。

阿史德元珍率大军攻夺碎叶城之时，所以可以判断骨咄禄应该也在这次战役中身负重伤，东返后不久就过世了。

第二东突厥汗国的创建者阿史那骨咄禄颉跌利施可汗过世后，其弟默啜接任可汗。据《资治通鉴》记载，默啜是在武周延载元年（694）继位，但真实性不明。默啜建号为“登里达波密斯登里林鄂固突厥毗伽骨咄禄可汗”，在位长达二十四年（692—716），历经唐朝从武后代唐建立武周到玄宗初年，是唐朝第一个鼎盛期的尾端。

默啜可汗在骨咄禄可汗建立的基础上继续扩张。他接掌汗位时，东突厥兵败西域，而漠北九姓铁勒也在唐朝掌握之下，情况并不乐观，幸好适逢唐朝政权交替频繁，朝政争斗不息，才稍得喘息。这时漠北唐朝所设的安北都护府羁縻州仍存在，由回纥酋长担任都护，名义上漠北九姓铁勒仍归安北都护府节制，威胁着第二东突厥汗国。默啜要想大展宏图，就必须先解决漠北九姓铁勒的问题。

唐朝既然无力攘外，默啜就继续壮大，漠北九姓铁勒的回纥元气虽稍见恢复，但是和默啜比，实力仍有一段距离。结果在默啜攻击之下，回纥崩溃，酋长比栗战死。回纥之众分为两支，其中一支由比栗之子独解支率领南下投唐，同行的还有契苾、浑思结等部；留在漠北的只好投降第二东突厥。唐朝所建立的安北都护府算是名实俱亡，时为武周长寿二年（693）。独解支入唐后不久就死了，其子伏帝匐嗣立为回纥酋长，拜为河西经略副使兼赤水军使（《唐会要·卷九八》）。此时，默啜可汗已完成统一大漠南北的事业。

第二东突厥征战

在今天蒙古国西北部的剑水一带，当时还有一支游牧民族，这个民族可分为两个族群，东边的是阿孜，西边的是契丹（唐称黠戛斯）。默啜为了收服这个民族，又施行分化之策。他先把妹妹嫁给阿孜酋长，并加封他可汗称号，希望借此让这个民族的两个族群自相残杀，以坐收渔翁之利，可惜这位阿孜酋长不久就死了。默啜于是转而以此为借口兴兵攻打契丹。为避免唐朝趁机北伐，默啜遣使至唐，请求互市，表示愿与唐朝和平相处。《资治通鉴·卷二〇五》记载：“十月，突厥默啜遣使请降，太后喜，册授左卫大将军、归国公。”这里所说的太后就是武则天，其实武则天这时已代唐建武周称帝了，但一般史书多所隐讳，仍称她为太后。

默啜率军攻打契丹获胜后，废了原来的阿孜和契丹酋长，另立新的酋长。至此，在默啜可汗经营之下，第二东突厥汗国所开拓的疆域和祖先木杆可汗相比毫不逊色，他无疑成为突厥的一代伟人。

第二东突厥汗国壮大后，原已归附大唐的四周边疆民族多趁机反唐。第二东突厥汗国占有大漠南北，严重威胁唐朝的北方边防，东北地区的契丹、室韦、奚及霫等东胡系各民族早已归附唐朝，唐朝也在其地设置松漠都督府，以契丹族酋长为都督，治理东北地区。唐高宗调露元年(679)，漠南突厥起而叛唐，东北地区也受到波及。之后唐朝增设营州都督以为震慑，但契丹始终是让唐朝头痛的问题。

武周无力讨伐契丹，又不能任由契丹势力坐大，因为势力一旦壮大，契丹很快就会从松辽平原进入幽州，威胁到唐中心地带。无可奈何之下，武则天竟想借东突厥默啜之兵来平定契丹，当时朝廷中反对、赞成者各半。但武周万岁通天二年（697），武则天仍派大臣阎知微为使，册立默啜为可汗，请求东突厥出征契丹。默啜既知武周有求于突厥，于是开出苛刻的条件，大约有以下四项：要武周交还丰、胜、灵、夏、朔及代等六州原来降于唐朝的突厥人及中亚粟特人；割让单于大都护府所辖漠南领土；默啜之妹嫁入唐皇室；索讨粟四万斛、杂彩五万段、农器三千件、铁四万斤，作为东征契丹的报酬。

对于东突厥这项狮子大开口的要求，群臣争辩激烈，而契丹又咄咄进逼，情势日益危急，武则天在没有更好办法的情况下，只好答应这些条件。武周圣历元年（698），淮南王武延秀因在突厥住过一段时间，因此奉命迎娶默啜可汗之妹。

武周为求东突厥尽快出兵讨伐契丹，派武延秀率领规模庞大的“迎

契丹叛乱

契丹原是鲜卑的一支，先后于唐高祖、唐太宗时降于唐，太宗贞观年间赐契丹酋长窟哥姓李氏。到了武周万岁通天元年（696），由于唐所任营州都督赵文翙凌虐契丹族人，窟哥之孙李尽忠难以忍受。眼见突厥寇掠汉南，他判断唐无法兼顾松漠一带，因此与另一部契丹酋长孙万荣起兵反唐。

李尽忠自称无上可汗，以孙万荣为前锋，武周发兵数十万，无法讨平。契丹军杀赵文翙，唐再度派军进讨，又败。

亲团”，带着大量财物作为聘礼，前往东突厥。想不到，武延秀一行人到默啜可汗的黑沙牙帐时，默啜竟派数千骑兵围住迎亲团，胁迫他们一律投降，如有不从者杀无赦，武延秀因此被囚禁他处。默啜后来还以第一个投降的阎知微为南面可汗，作为南侵武周的向导。

默啜可汗算准武周此时无力反击，还修书武周，辩称之所以违反和亲，都是武周不是。他一一数落：送来的谷种是煮过的；杂彩品质不够好；金器、银器成色不足；和亲的新郎不是唐李氏皇室，而是武氏等；对武周极尽羞辱之能事。

此时第二东突厥汗国的声威已凌驾在武周王朝之上，契丹北方的室韦、靺鞨都望风归降于突厥。默啜可汗在毫不费力的情况下挥师东进，轻易地拿下松漠都督府，活捉契丹酋长李尽忠及孙万荣的妻子儿女，契丹军大溃。不久李尽忠死，孙万荣也被部下所杀，契丹降于第二东突厥汗国。武周折腾一场，反倒白白把东北地区送给了默啜可汗。

第二东突厥汗国的国势在默啜可汗时期达到顶点。可是自武周圣历元年之后再也不见东突厥南侵。原来，此时的默啜已不再把中原的武周放在眼里，而东方室韦、靺鞨、契丹、奚等东胡、肃慎系各民族都已经是第二东突厥汗国的藩属，默啜因此专心经营西域，同时重建突厥传统大小可汗制度。武周圣历二年（699），默啜册立其子匐俱为小可汗，主要任务是统兵开拓西方疆域。同年又册立其弟咄悉匐为左厢察（即“设”的另一个音译），封兄长骨咄禄之子默矩为右厢察，各统兵两万人，而他儿子小可汗的位阶在左、右两厢察之上。

匐俱又称拓西可汗，为处木昆十姓之主，统兵四万人。这个安排显然是要匐俱在开拓西方疆土上立功，从而培养声望，以便将来接掌大可汗时不会有阻力。处木昆十姓部落可能聚居在今准噶尔盆地西部的伊犁河流域一带。如果以上推论正确，当时第二东突厥汗国的领地已经到达准噶尔盆地西端了。

对第二东突厥汗国而言，默啜可汗毫无疑问是值得称颂的。但从他的一生来看，他穷兵黩武，不恤民力，虽然为突厥开辟了更广阔的生存空间，但也因此让许多突厥子民流离失所，战死异乡。

默啜的“丰功伟业”很多是依赖阿史德暾欲谷和阙特勤完成的，默啜本人则刚愎自用，猜忌心强，后期竟排斥阿史德暾欲谷。阿史德暾欲谷因此急流勇退，不再过问东突厥政事，默啜的霸业也就如黄昏落日，只剩下夕阳余晖。

默啜可汗的丰功伟绩是由无数突厥勇士用头颅、鲜血来完成的，第二东突厥汗国的财富也是以暴力从周围被征服的各民族夺来的，到了晚期，这些被统治的民族纷纷起而反抗。

武周长安二年（702），默啜派侄子默矩、阙特勤兄弟统兵南侵，掠夺灵、夏两州南境，降唐粟特人所居住的六州胡（鲁、丽、含、塞、依、契）。武周派大军抵抗，但还是打了败仗，胜州都督战死沙场。而后突

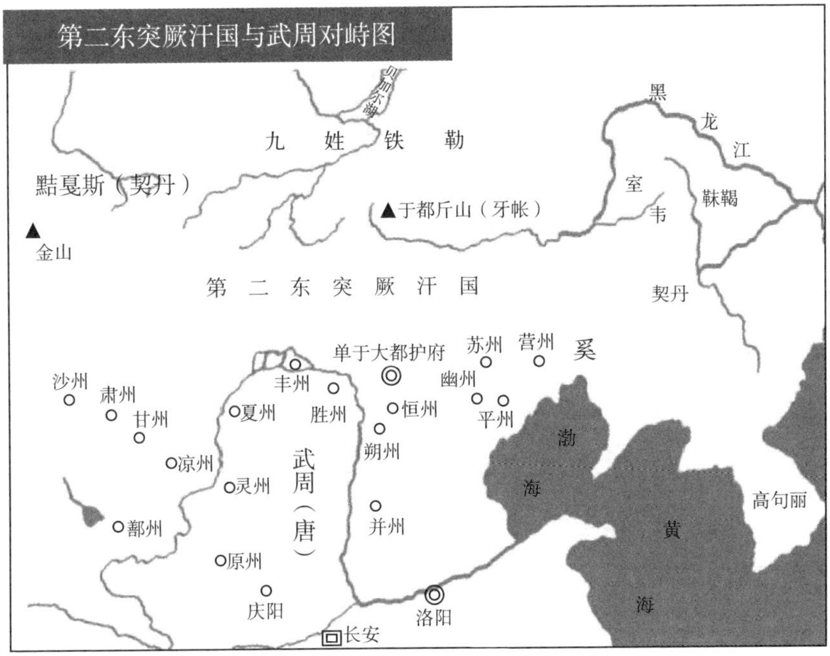

第二东突厥汗国与武周对峙图

厥军乘胜大掠盐（今陕西省定边县、宁夏回族自治区盐池县一带）、夏等州，东进围并州，武周急调精兵驰援。突厥围并州半月后，又分兵进犯代、忻（今山西省忻州市）诸州，由于久攻不下，才自动引兵退去。

默啜原想匐俱西征建立战功后就能顺利继承汗位，结果反而是侄子默矩和阙特勤立下了极大功勋。为替匐俱储备更大战功，好大喜功的默啜贸然挺进中亚，和当时的阿拉伯帝国正面交锋，结果大败。从此，第二东突厥汗国国力明显衰弱。

此时的大唐，武周正陷入太子继位之争。最后几经波折，帝位由武则天之子李旦嗣立。

后来睿宗让位于子李隆基，是为玄宗。玄宗即位后，不甘以往的守势做法，有意以武力彻底解决第二东突厥问题。他曾经亲自北上巡边，布置边防，激励士气。第二东突厥多年征战，不但伤亡过多，而且已无

唐代壁画《狩猎出行图》

陕西省乾县唐章怀太子墓壁画。章怀太子即武则天二子李贤，后陪葬唐高宗及武则天

力主动出击，为测试唐朝实力，支使臣服于东突厥的奚、契丹寇掠唐东北边疆。默啜为了厚植他儿子匐俱接任汗位，令儿子西征西域，他自己则在奚、契丹犯唐时寇掠河西。在东、西寇掠中，默啜又提和亲之事，唐朝也以金山公主嫁杨俄支特勤。此时玄宗虽已即位，但睿宗仍以太上皇名义干预朝政，想要借护送金山公主出嫁之机派大军掩杀第二东突厥。

据《册府元龟·卷二五九·太上皇实录》载："命皇太子（指玄宗）送金山公主往并州，令幽州都督裴怀古节度内发三万兵赴天武军，凉州都督贺拔延嗣节度内发三万兵赴黑山道，并州长史薛讷节度内发四万兵于并州迎皇太子，右御史大夫朔方大总管解琬节度内发二万兵赴单于道。太子既亲征，诸军一事以上并取处分，按以军法从事。"

综合各类文献，近人曾整理出这次玄宗送亲之行，或者可以说是巡边的耀武扬威之行，乃武则天之女太平公主所策划。具体部署情况如下：

武则天和她的孩子们

武后一共为高宗生下四子二女。她亲手杀死长女安定公主，嫁祸于当时的王皇后，让高宗废后，改立她为后。高宗晚年，武后已大权在握，废立太子全凭个人喜好，朝中大臣和皇室完全没有说话的余地。

武后初立长子弘为太子。李弘颇有才能，不久竟突然过世，当时人皆传言是武后下的毒。之后，武后立次子贤为太子，李贤处事明审，引起武后不安，不久被废，贬至巴州（今湖南省岳阳市），最后在武后的命令下被迫自杀。

两个儿子都被废后，武后立三子显为太子。也许是看到两个哥哥的遭遇，也许是天性如此，李显个性懦弱，无所作为，只信任自己的妻子韦妃。

武后称帝野心已不可阻挡，唐中宗嗣圣元年（684），已是皇太后的武则天废中宗李显，改立幼子李旦为傀儡皇帝，是为睿宗。唐睿宗载初元年（689），武则天废睿宗，改国号为周（后世称武周），正式称帝。

武则天自高宗朝至过世，把持朝政四十六年，比唐朝任何一位皇帝执政的时间都要长。在她任内，国事大致上承平无事，这和武则天本人的政治才能有一定关系。可是武则天再怎么专政，还是有一个大问题无法克服，那就是她过世后帝位的传承问题。

武则天若是传子，则皇位回到李唐手中，武周会自然结束，她当然心有不甘；可若是传侄，皇位虽由武氏继承，但侄子不可能比儿子还亲近，而且她的侄子皆是庸碌无能之辈，难托大任。

武周神龙元年（705），大臣张柬之趁武则天卧病在床时发动政变，武则天见民心思唐，局势已不可挽回，只好宣布退位，把皇位还给三子中宗。中宗再次即位后，韦妃称后，仗着中宗的信任也想学武后把持朝政，后来竟毒杀中宗，而且想除掉中宗之弟李旦。

李旦个性平淡，不与人争，但他儿子李隆基就不同了。李隆基果敢且有才略，他联络姑姑，即武则天的小女儿太平公主，先下手为强除掉韦后。之后，李旦重新即位为睿宗，但因为对政治兴趣实在不大，政事全交由李隆基和太平公主处理，没多久干脆让位于李隆基。

太平公主是武则天最宠爱的女儿，个性也最像武则天，因此在睿宗退位后就和李隆基争权。后来李隆基发动兵变，太平公主在家中被赐死，从此李隆基真正握有皇权。唐朝回归李氏手中。

主帅：玄宗，坐镇并州。

中军：朔方道大总管郭元振领兵两万，并州长史薛讷领兵四万。

左军：幽州都督裴怀古领兵三万。

右军：凉州都督贺拔延嗣领兵三万。

这次大规模送亲、巡边的阵仗，最后因宫廷内斗而没有实现。有说太平公主想借巡边之举除掉玄宗，所以安排这场大戏，借平第二东突厥除去玄宗，但最后没有实现。

之后，默啜又遣使求和亲，玄宗同意以蜀王之女南和县主嫁给默啜的儿子杨我支，巡边之举自然就不提了。

第八章

突厥与隋唐的和亲

婚姻可以联系起两个家族甚至是两个部族。当两个国家之间也想借婚姻维持友好关系时，就会用“和亲”这种互相婚配的方法。隋唐时代面对少数民族，不论是突厥还是唐中叶后的吐蕃、回纥，也都选择以“和亲”作为一种重要的手段，以增进与各族之间的关系。

隋安义公主、义成公主与启民可汗

突厥于北魏后期崛起，大盛于北周、北齐、隋唐之时。北周、北齐曾争相与东突厥和亲，北周以千金公主嫁他钵可汗，他钵过世后，由摄图嗣立，称沙钵略可汗，千金公主就成为沙钵略的可贺敦。杨坚建立隋朝后，赐姓千金公主为杨氏，加封其为大义公主，将其视同女儿，时有赏赐。但大义公主心怀故国北周，东突厥又收留隋朝流徙之众，恰逢当时仍是小可汗的启民可汗请求与隋朝和亲，隋朝遂要求杀掉大义公主，方才同意和亲，东突厥可汗最终杀掉大义公主，隋朝才兑现了和亲诺言。

隋朝以宗室之女封为安义公主嫁启民可汗，并刻意扶植启民可汗，这在东突厥内部引起争执，造成内讧。在隋朝的支持下，启民可汗最后赢得大可汗之位。而安义公主嫁到东突厥三年后就过世了，这是隋朝与东突厥的第一次和亲。

安义公主过世后，为继续维持与启民可汗的友好关系，隋文帝开皇十九年（599），隋文帝再以宗室杨谐之女为义成公主嫁启民可汗。义成公主嫁到东突厥之后，努力维护启民可汗在东突厥的地位，运用隋朝的力量铲除启民可汗在东突厥的敌对势力，同时极力促成东突厥归顺隋朝。

启民可汗上书引文

大隋圣人莫缘可汗（指隋文帝），怜养百姓，如天无不覆也，如地无不载也。诸姓蒙威恩，赤心归服，并将部落归投圣人可汗来也。或南入长城，或住白道，人民羊马，编（同遍，有遍布之意）落山谷，染干（启民可汗之名）譬如枯木重起枝叶，千万世长与大隋典（管理之意）羊马也。（《隋书·突厥传》）

终其一生，启民可汗都没有背叛隋朝，在隋朝保护下，东突厥休养生息，无论人口、牲口都大量增加，东北地区的奚、室韦等部落都归附东突厥，为后来东突厥的强大奠定了良好的基础。启民可汗在感激之余，曾经上书隋文帝表达谢意。

隋炀帝大业三年（607），隋炀帝北巡，启民可汗派子前去朝拜。同年六月，隋炀帝到达东突厥境内，启民可汗与义成公主召集奚、室韦等几十个部落酋长前来迎接隋炀帝，献马三千匹，炀帝大悦，赐物一万两千段（大概是绫罗绸缎之类的纺织品）。之后启民可汗又上书隋炀帝，提出更易服饰。

宽袍大袖的华夏服饰并不利于游牧民族骑射，启民之所以提出更易服饰的请求，意在讨好隋炀帝。隋炀帝也说了一段发人深省的话："先王建国，夷夏殊风，君子教民，不求变俗。断发文身，咸安其性，旃裘卉服（旃裘：毡制的衣服；卉服：草织的衣服），各尚所宜，因而利之，其道弘矣。何必化诸削衽，縻以长缨，岂遂性之至理，非包含之远度。衣服不同，既辨要荒之叙，庶类区别，弥见天地之情。"炀帝认为，各民族的服饰要跟居住环境配合，不必强求一致。由此事可看出隋炀帝理智的一面。

启民可汗上表陈情引录

“已前圣人先帝莫缘可汗存在之日，怜臣，赐臣安义公主，种种无少短。臣种末为圣人先帝怜养，臣兄弟妒恶，相共杀臣，臣当时无处去，向上看只见天，下看只见地，实忆圣人先帝言语，投命去来（前来投靠之意）。圣人先帝见臣，大怜臣，死命养活，胜于往前，遣臣作大可汗坐着也。其突厥百姓，死者以外，还聚作百姓也。至尊（指隋炀帝）今还如圣人先帝，捉天下四方坐也。还养活臣及突厥百姓，实无少短。臣今忆想圣人及至尊养活事，具奏不可尽，并至尊圣心里在。臣今非是旧日边地突厥可汗，臣即是至尊臣民，至尊怜臣时，乞依大国服饰法用，一同华夏。臣今率部落，敢以上闻，伏愿天慈，不违所请。”

从这份陈情表的语法、用词中，都可看出标准的突厥文式动词在后的语法，是后人研究突厥文十分重要的史料。

义成公主嫁启民可汗十年之后，大业五年（609），启民可汗过世，其子咄吉继位，称始毕可汗。依照习俗，始毕可汗上表隋朝再娶义成公主，得炀帝允许，义成公主仍是可贺敦。

东突厥在启民可汗苦心经营之下，国力急剧壮大，始毕可汗嗣位之后，力量更加壮大，东北地区的契丹、室韦，西南地区的吐谷浑都受东突厥牵制，沿边流人、地方豪酋也多归附东突厥，如窦建德、梁师都、薛举、刘武周、李轨，甚至远在中原的王世充等人都暗中结好始毕可汗。东突厥这时已有实力跟隋朝分庭抗礼，之所以能够如此强大，义成公主功不可没。

隋朝仕女像

四川成都武侯祠陈列室藏品

隋炀帝好大喜功，东征西讨；四处兴建行宫，劳民伤财；开凿运河更是不恤民力，隋朝实力已今非昔比。隋炀帝又擒杀东突厥谋臣史蜀胡悉，触怒始毕可汗，双方形势紧张。隋炀帝率重兵巡边，想以兵威震慑始毕可汗，反被围困在雁门，只好派人求救于义成公主，才算解了雁门之围。

后隋末天下大乱，各地豪酋纷纷揭竿而起，包括李渊在内的群豪莫不向东突厥始毕可汗俯首称臣，争取支持。唐高祖武德二年（619），始毕可汗过世，由弟俟利费嗣立，号处罗可汗，循例，义成公主三度为可贺敦。

身为隋朝公主，义成公主当然希望能灭唐兴隋，因此她在东突厥立隋齐王杨暕的遗腹子杨政道为隋王，聚集逃到东突厥的隋朝遗民，并且按照隋朝制度设立百官。最后，她还将隋炀帝的萧皇后接到东突厥。

处罗可汗不久即过世，汗位由弟咄苾嗣立，号颉利可汗，义成公主仍是可贺敦，在东突厥朝中势力不可小觑，更高呼反唐复隋。直到唐太宗贞观四年（630），唐军大举讨伐突厥，活捉颉利可汗，唐大将李靖杀义成公主，才结束了这位历经四位可汗的和亲公主的一生。

隋向夫人与西突厥泥利可汗

东突厥和中国因位置相邻，所以关系密切，常有和亲之请。其实，隋朝也曾与遥远的西突厥和亲。

据《隋书·突厥传》载，有一位向夫人："本中国人，生达漫而泥利卒，向氏又嫁其卓婆实特勤。"可惜的是，关于这位向夫人，文献也只著录于此，其他生卒年籍贯都不可考。

从《隋书》中可知，向夫人初嫁西面突厥室点密曾孙、咄陆可汗之子泥利可汗。之后，向夫人之子达曼嗣立，号泥撅处罗可汗。泥撅处罗可汗统治下的西突厥地处中国对中亚交通要道，声势颇大，"龟兹、铁勒、伊吾及西域诸胡悉附之"。（《隋书·突厥传》）隋文帝开皇末年（600年左右），向夫人与卓婆实特勤到长安，恰逢达头可汗叛乱（详见第五章），向夫人只得侨居长安，在隋廷的安排下住进鸿胪寺。

隋炀帝大业四年（608），隋朝派司朝谒者[①]崔君肃出使西突厥。崔君肃到西突厥后，利用泥撅处罗可汗经常思念母亲向夫人的这份母子深情，以威胁利诱方式游说，泥撅处罗可汗于是派使者随同崔君肃一同到长安，向隋朝献上汗血马。

大业六年（610），泥撅处罗可汗的叔父射匮可汗向隋朝请婚，想借隋朝之力扳倒泥撅处罗可汗。隋朝正求之不得，欲借此分化离间西突厥。因此隋炀帝特别在仁凤殿接见射匮派来的使者，并对使者说："泥撅处

① 是隋朝所设的官，掌受诏劳问、出使慰抚、持节察授及接受冤枉诉状上奏。

罗不愿归附隋朝，而射匮可汗对隋朝很友善，我将册立他为大可汗。如果射匮肯除去泥撅处罗，隋朝同意与之和亲。”

射匮于是“兴兵袭处罗，处罗大败，弃妻子，将左右数千骑东走，缘道被劫，寓于高昌东保罗漫山（或称折罗漫山，即天山）”（《资治通鉴·卷一八一》）。隋炀帝派裴矩带着向夫人及左右亲近人士到离高昌不远的玉门关晋昌（今甘肃省酒泉市），请高昌传达向夫人要泥撅处罗归附隋朝的消息。经过反复劝说，泥撅处罗可汗终于在大业七年（611）到长安朝隋。

之后，泥撅处罗可汗一直住在长安，并且经常随同隋炀帝巡幸各地。隋炀帝东征高句丽时，也带他随行，并赐封他为曷萨那可汗（或作歇娑那可汗），给了许多赏赐。大业十年正月，隋炀帝以宗室女为信义公主嫁曷萨那可汗，赐他锦袍千件、彩万匹。可惜的是，文献史料都没有记载信义公主是谁的女儿，更无法知道她和亲后有没有生下子女。

不久，隋炀帝南巡江都，宇文化及发动政变弑君，曷萨那可汗也被宇文化及带到河北。待宇文化及兵败后，曷萨那可汗想西归长安，结果死在东突厥手中。

隋淮南公主与东突厥什钵苾

大业末年（618），隋炀帝在江都被宇文化及所杀，天下大乱，各地群雄纷纷割地自立。隋炀帝之女淮南公主因此带着随从避祸东突厥，后嫁给东突厥始毕可汗长子什钵苾为妻。这是突厥与汉人公主少见的非政治性和亲。

始毕可汗的弟弟颉利嗣大可汗之位后，封侄子什钵苾为突利可汗（小可汗），管辖奚等十几个部落。什钵苾统治下的部族与唐朝暗通款曲，颉利可汗得知后，对什钵苾相当不满，命什钵苾领兵北上讨伐薛延陀，将功赎罪。结果什钵苾出师不利，吃了败仗，颉利可汗干脆囚禁什钵苾，并向什钵苾所部征兵，叔侄间的嫌隙逐渐加深。

将这一切看在眼里的淮南公主便向丈夫分析利弊得失，告诉什钵苾，与其留在东突厥整天担心会有身首异处的一天，不如归附一向厚待来降外族的唐朝，让自己的身家性命有所保障。权衡利弊之后，什钵苾在唐太宗贞观三年（629）遣使上书唐朝，表示愿意归附唐朝，并请求保护。就在唐朝君臣讨论是否接受时，颉利可汗竟然发兵攻打什钵苾，什钵苾慌忙携带家小部众直接奔唐朝边境而来。唐太宗接获消息，知道他们长途奔波还未进食，立刻派人送上食物，以示关怀。第二年，唐太宗封什钵苾为右卫大将军、北平郡王，食邑七百户。什钵苾便带着淮南公主一家到今天的北京一带安居。

之后，唐太宗派人告诉什钵苾："我欲中国安，尔宗族不亡，故授尔都督，毋相侵略，长为我北藩。"（《新唐书·卷二一五》）贞观五年（631），唐太宗召什钵苾到长安，什钵苾在西行途中病亡于并州，年仅二十九岁。而他与淮南公主的后代就此融入中原民族。

唐衡阳公主与东突厥阿史那社尔

阿史那社尔是东突厥处罗可汗的次子，他十一岁就和颉利可汗之子欲谷设“分统铁勒、回纥、仆固、同罗诸部”（《新唐书·阿史那社尔传》）。唐太宗贞观元年（627），各部落联合反抗东突厥，二十一岁的阿史那社尔兵败西逃至浮图城。阿史那社尔认为：“始为乱破吾国者，延陀也，今我据西方，而不平延陀，是忘先可汗，非孝也。事脱（系若字之误）不胜，死无恨。”（《新唐书·阿史那社尔传》）于是出兵讨伐薛延陀。

结果阿史那社尔大败，西突厥又趁火打劫。阿史那社尔只好逃到长安，请求唐朝保护，时为唐太宗贞观九年（635）。次年，唐太宗以高祖十四女衡阳公主嫁阿史那社尔，并授阿史那社尔为驸马都尉[①]，在宫苑内掌管屯兵，可见唐太宗对他的信任。

此后，阿史那社尔多次参与唐朝对外战争。贞观十四年（640），阿史那社尔为交河道行军大总管，平定高昌麴氏政权，许多将领在战争中都掠夺了不少珍宝，唯独阿史那社尔一件不取。唐太宗对他的廉洁不贪极为赞赏，就把夺自高昌王的宝刀送给他，另赏以千段杂彩，更封他为毕国公。贞观十九年（645），阿史那社尔随同唐太宗出征高句丽，在战场上身中流矢，拔出后再战，战后兼任鸿胪寺卿，有点儿类似今天管理少数民族事务机构的首长。

三年后，贞观二十一年（647），唐太宗又任命阿史那社尔为昆丘道行军大总管，出兵攻打龟兹。几经鏖战后俘获龟兹王，使唐朝声威远达西域，迫使西突厥、焉耆及安国等国争相犒劳这支唐朝的远征军（《新唐书·阿史那社尔传》）。

唐高宗永徽五年（654），在战场上为唐朝立下汗马功劳的阿史那社尔去世，唐高宗追封他为辅国大将军、并州都督，陪葬昭陵[②]，并按照葱

① 掌天子副车的马，多以宗室、外戚及诸公子孙任之，后世沿用为公主丈夫的称号。

② 唐太宗陵墓，只有大功臣才有资格陪葬。

岭（即今帕米尔高原）地形为他修建坟墓。

唐定襄县主与阿史那忠

阿史那忠是阿史那苏尼失的儿子，所统部众在灵州一带，位置偏西。

什钵苾投奔唐朝后，颉利可汗封阿史那苏尼失为小可汗。后来，李靖率军大举讨伐颉利可汗（详见第六章），颉利兵败西逃进入阿史那苏尼失地界的山中，苏尼失就命阿史那忠入山搜捕颉利可汗，交给李靖，呈献唐太宗。唐太宗因此拜阿史那苏尼失为北宁州（今甘肃省境内）都督、右卫大将军；阿史那忠被封为左屯卫将军。唐太宗贞观四年（630），唐朝以宗室女定襄县主嫁阿史那忠。

贞观八年（634），阿史那苏尼失过世，阿史那忠夫妇悲痛不已，《新唐书》称他夫妇“哀慕过人”，时人称之为孝子贤媳。

颉利可汗及侄阿史那思摩被俘之后几年，唐太宗封阿史那思摩为可汗。当时阿史那忠为左贤王，位于阿史那思摩之下，唐命阿史那忠去漠南治理颉利可汗旧部。漠南地区水草丰美，原是游牧的好地方，但阿史那忠与阿史那思摩不合，更耻于位居思摩之下，多次对朝廷派来的使者哭诉他心怀中原，想回长安。贞观九年（635），唐太宗升他为右卫大将军。唐高宗永徽（650—655）初，封他为薛国公，右骁卫大将军。

阿史那忠一生洁身自爱、为官清廉、生活俭仆、奉公守法，宿卫四十八年从未出错，当时人把他与汉武帝时代的金日（音“密”）磾（音“底”）相提并论。

金日磾

金日磾

金日磾（前134—前86），字翁叔。是驻牧武威（今甘肃省武威市）的匈奴休屠王太子，汉武帝因获休屠王祭天金人，故赐其姓为金，深受汉武帝信任。

汉武帝后元二年（前87），汉武帝病重，临终时以金日磾、霍光为托孤顾命大臣，辅佐太子刘弗陵，并遗诏封秺侯。

金日磾不负众望，在维护国家统一和社会安定方面建立了不朽的功绩，是中国历史上一位有远见卓识的少数民族政治家。他的子孙后代因忠孝显名，七世不衰，历一百三十多年，是巩固西汉政权、维护民族团结的重要力量。

唐高宗上元（674—676）初，阿史那忠卒于长安，朝廷追封他为镇军大将军，陪葬唐太宗昭陵。

阿史那忠与定襄县主所生的儿子名为阿史那暕，在武则天专政的垂拱（唐睿宗年号，685—688）年间出任司仆卿（原太仆卿），承袭爵位薛国公。

唐九江公主与东突厥执失思力

唐高祖武德九年（626），颉利可汗亲率十万骑兵南下侵唐，先头部队在泾阳（今陕西省泾阳县）被唐军击败。颉利可汗为探知唐军实力，派其中一个部落酋长执失思力到唐军阵营，对当时仍是秦王的李世民说："二可汗（指颉利、什钵苾）总兵百万，今已至矣！"想以恫吓的方式要唐军不战而降。

秦王李世民以责备的口气说："我与突厥面自和亲，汝则背之，我实无愧。又义军入京之初，尔父子并亲从，我赐汝玉帛，前后极多，何故辄将兵入我畿县？尔虽突厥，亦须颇有人心，何故全忘大恩，自夸强盛？我当先戮尔矣！"（《旧唐书·突厥传上》）

于是把执失思力囚禁在门下省。之后，李世民亲自来到渭水便桥边，到颉利军前怒斥颉利可汗负约。颉利也自觉理亏，于是撤军，这就是史传上所说的"渭水之盟"。颉利既已撤军，唐军也就放了执失思力。

后来，唐太宗成功摧毁东突厥汗国，颉利可汗降唐，执失思力也因为协助捕捉隋炀帝的萧皇后和隋王杨政道有功而被太宗封为左领军将军。唐太宗贞观四年（630），执失思力因招降浑、斛萨部落有功，逐渐受到唐太宗的重视。

唐太宗亲征高句丽时，命执失思力屯兵金山道，以遏制薛延陀，避免薛延陀趁机闹事。执失思力故意示弱，诱使薛延陀孤军深入，在夏州击溃薛延陀，免去唐太宗后顾之忧，此事让唐太宗印象深刻。

贞观二十二年（648）八月，执失思力再次率军从金山道出发，讨伐薛延陀余众大胜。唐太宗极为赞赏，把唐高祖第八个女儿九江公主嫁给执失思力，并且封他为驸马都尉、安国公。

九江公主嫁给执失思力不久后，唐太宗就驾崩了。唐高宗永徽初（650），太宗之女高阳公主驸马房遗爱谋反，九江公主和执失思力也被牵连在内，唐高宗考虑到执失思力建有卓著战功，又是突厥降人，故免去死罪，只将他流放至边远地区。至于九江公主，因为是金枝玉叶，原本就有封邑，可以不必随同流放，但她最后仍选择和执失思力一同流放。

九江公主自小生活优越，故夫妇俩到流放地后不久，九江公主就因生活艰辛而与世长辞。九江公主的死对执失思力打击很大，从此他意志消沉，终日借酒浇愁，郁郁寡欢。

这种情形经地方官向朝廷呈报后，让高宗心生不忍。唐高宗龙朔（661—663）中，高宗赦免执失思力，拜他为归州（约今重庆市西部）刺史。执失思力在赴归州上任途中染病身亡。唐高宗追封他为胜州都督，赐谥号“景”。

默啜可汗嫁女求和亲

第二东突厥汗国在默啜可汗时期国力强大，常常恃强侵凌唐朝边境。默啜可汗还谎称要把女儿嫁入唐朝皇室。

当时唐朝正是武周代唐前后，因国内局势不稳，所以武则天对默啜可汗的无理要求也只能忍辱接受。当默啜可汗提出要把女儿嫁给唐皇室时，大臣张柬之上奏说：“自古无天子求娶夷狄女以配中国王者。”（见《旧唐书·张柬之传》）大表不赞成之意。但其他朝臣如姚璹等人深知武则天没有抗拒默啜可汗的本钱，所以极力赞成和亲。武周圣历元年（698），武延秀带领迎亲团前往第二东突厥汗国，却落得被囚禁的下场（详见第七章）。

七年后，武周神龙元年时，第二东突厥汗国和唐朝关系好转，默啜可汗这才放回武延秀等人。

失败的东突厥和亲之议

武周长安三年（703），第二东突厥汗国默啜可汗派莫贺达干到长安，要求把女儿嫁给武周太子李显之子。武则天就命李显之子李重俊、李重义与李重明三人和莫贺达干见面，大有让莫贺达干挑选的意味。

莫贺达干回去后不久，默啜可汗又派移力贪汗为使，向唐“献马千匹及方物，以谢许亲之意”（《旧唐书·突厥传上》）。武则天特别在宿羽亭设宴款待移力贪汗一行人，太子李显、相王及朝集使（主管统计功过的官吏）三品以上的官员均出席这次宴会，可见武周对这次宴会的重视。换言之，也就是对这次和亲的期盼。

武周神龙元年（705），武则天被逼退而由李显嗣立，是为中宗，恢复大唐国号。默啜可汗看准唐内部宫廷动乱，而把和亲之议摆在一旁，转而发兵侵唐。唐中宗在此状况之下下诏“绝其请婚”，这次和亲也就不了了之。

到了唐睿宗景云二年（711），默啜可汗又派人向唐朝请求和亲，唐睿宗答应把宋王李成器的女儿封为金山公主嫁突厥。当时右散骑常侍（属中书省，掌侍奉规谏）魏知古进谏说：“突厥为患，其来自久，本无礼仪，焉有诚信？今虽遣使，来请结婚，豺狼之心，首鼠何定？弱则卑顺，强则骄逆。属草衰月满，弓劲马肥，乘中国饥虚，在和亲际会，倘或规犯亭障，国家何以防之？”（《旧唐书·魏知古传》）劝睿宗不要答应和亲。

但睿宗仍派御史中丞和逢尧出使第二东突厥，转达唐朝愿意和亲之意，并且带去许多礼物，其中包含一副镶金马鞍。到了第二东突厥汗国，默啜可汗并没有亲自接待和逢尧，而是派人对他说，唐朝送来的金马鞍只是银胎涂上黄金的假货而已，如此看来，唐派来的公主也会是假公主。但和逢尧严词否认，而且再三保证唐朝没必要因小失大，为了一个马鞍失去朝政威信。

最后默啜可汗被说服了，他派儿子杨俄支到长安，唐睿宗也亲自带金山公主到长安的安福门迎接。但杨俄支到长安后不久，唐朝宫廷又发生政变，睿宗退位，由李隆基即位，是为唐玄宗。国内局势不稳，自然无暇他顾，杨俄支和金山公主的和亲之议也就暂搁一旁。

唐玄宗先天二年（713）八月，玄宗即位不久，默啜可汗得知唐朝皇帝更易，政权必将有所动荡，为掌握情报，又派杨俄支到长安请求和亲，而且表示杨俄支婚后愿意长住长安，充当宫廷宿卫。玄宗于是许婚以蜀王之女为南和县主，嫁杨俄支，并修书一封派人送给默啜可汗。据《册府元龟·卷九七九》所收录，这封信的大意是："朕俗（与）可汗恩义稠叠，故与王子更重结亲，想可汗远闻，当喜慰也。"

执失思力流放地探询

对于执失思力被流放至何处，历来有各种不同说法。

《旧唐书》称流放"象州"。象州在今天的广西，隋朝设置，隋炀帝大业二年（606）废，到唐高祖武德四年（621）又恢复象州建置，但此地仍极其偏僻荒凉。

《资治通鉴》称流放"岭表"。所谓岭表就是五岭之南，大约指今天我国的广东、广西以及越南北部地区，在唐初也属蛮荒地区。

《新唐书》又称流放"嶲州"。嶲州大约在今天四川省凉山彝族自治州境内。

以上三种说法以《新唐书》较为可信。

默啜接到唐玄宗的信后，不但没有“喜慰”，反而于唐玄宗开元元年（713）派妹婿火拔颉利发石阿失毕、同俄特勤（官名）等率兵围攻北庭都护府（约今东起伊吾，西至咸海，北抵额尔齐斯河到巴尔喀什湖一线，南至天山一带），结果反被北庭都护郭虔权击破，同俄特勤被杀。石阿失毕见此，生怕回去会受默啜惩罚，于是便带着妻子投降唐朝。唐玄宗封石阿失毕为燕山郡王、右卫大将军。

之前正在洽谈中的金山公主和亲之事被搁置一旁，这时石阿失毕带着妻子前来投靠，唐玄宗就把石阿失毕的妻子封为金山公主。唐玄宗认为，如此一来既能弥补和亲未成的遗憾，又等于石阿失毕娶了唐宗室女为妻，成为唐玄宗的女婿，让唐廷和突厥延续亲戚关系。

开元四年（716），默啜可汗被九姓拔也固所杀，其侄默棘连继立汗位，称毗伽可汗（716—734 年在位）。毗伽可汗新立，汗位不稳，于是连年向唐朝进贡并请和亲，唐玄宗未答应。和亲虽然没谈成，但双方还是通过使者互有往来。

开元十三年（725），唐朝派中书直省袁振出使第二东突厥，邀第二东突厥观唐朝封禅泰山大礼。只要第二东突厥肯派大臣前来，其他四周各民族不敢不来；而且在封禅泰山的过程中，唐朝可以展示国力，使第二东突厥心生恐惧而不敢南下。

袁振到第二东突厥后，毗伽可汗举办了盛大的宴会来欢迎他。席间，毗伽可汗说出他之所以一再向唐朝请求和亲的原因，是眼见“吐蕃，狗种[①]；奚，契丹，本突厥奴也，皆得尚主。突厥前后求婚独不许，何也？且吾亦知入蕃公主皆非天子女，今岂问真伪！但屡请不获，愧见诸蕃耳”（《资治通鉴·卷二一二》）。

一旦和亲，等于跟中原王朝有了翁婿关系，这在其他游牧民族面前会显得更有权威，也更能控制其他民族，所以唐不答应与毗伽可汗和亲，

① 史传载吐蕃出于西戎，而西戎古称犬戎，所以称吐蕃为狗种。

《谢婚表》（节选）

> 自遣使入朝已来，甚好和同，一无虚诳。蕃汉百姓，皆得一处养畜资生，种田力作。今许降公主，皇帝即是阿助（意为父亲），卑下是儿；一种受恩，更有何恐？谨使哥解栗比谢婚，他遣达干请期（另外派达干请示正式下嫁的日期），献马四十匹充押函。（《全唐文》）

让他有“愧见诸蕃”之感（《旧唐书》作“羞见诸蕃”）。袁振只好承诺会将意见转奏朝廷，于是毗伽可汗便派大臣阿史德颉利发随同袁振到长安。唐朝既然知道突厥求婚的真意在于“夸耀于诸夷”，并借以安定内部，为了怕被毗伽可汗利用，所以借故拖延。正好唐玄宗有东巡之行，便带着阿史德颉利发一起东巡，同年（725）十二月，阿史德颉利发见唐朝并没有答应和亲的意思，只好辞别，北返第二东突厥。唐玄宗赏赐了许多礼物，让他带回去。

此后，毗伽可汗仍然多次请婚，到了开元二十三年（735），唐玄宗见毗伽可汗“请婚既勤”（《新唐书》），终于答应和亲。为此，毗伽特派哥解栗比使唐，向唐玄宗献上《谢婚表》。但不久，毗伽可汗就被手下梅禄啜毒死了，因此这次和亲又破局了。

失败的西突厥和亲之议

唐朝和西突厥也有破局的和亲。唐高祖武德八年（625），西突厥统叶护可汗遣使向唐朝请求和亲，唐高祖以此问检校侍中裴矩[1]，裴矩认为东突厥国力强大，为了国家的长治久安，应该远交近攻，答应和亲，以威胁东突厥颉利可汗，等国家强大到足以抗衡东突厥时，再规划更妥善的做法（《资治通鉴·卷一九一》）。

唐高祖采纳了裴矩的建议，于是派高平王李道立出使西突厥，传达唐朝同意和亲之意。隔年，唐太宗即位，改元贞观，西突厥统叶护可汗于贞观元年派真珠统俟斤为使，向唐朝奉上万钉宝轴金带、五千匹良马作为聘礼，准备迎接和亲公主。

东突厥颉利可汗当然不希望见到西突厥和唐朝有所来往，更别说结成姻亲和同盟了。于是他出兵威胁统叶护可汗，造成大兵压境的情势；并派人到西突厥，对统叶护可汗说："若迎唐公主，必假我道，我且留之。"（《新唐书·卷二一五·突厥传下》）当时的西突厥国力不及东突厥，因此统叶护可汗在东突厥颉利可汗的强力威胁下，只得中断与唐朝的和亲。

贞观二年（628），统叶护可汗过世，西突厥汗国陷于内乱，统叶护可汗之子乙毗钵罗肆和俟屈利毗都自称可汗，双方斗争激烈，一时难分胜负。双方也都不惜一切向唐朝请求和亲，希望借唐朝之力消灭对方。唐太宗有意坐山观虎斗，然后坐收渔翁之利，岂肯介入西突厥的内战？于是他直接对双方使者说："汝国扰乱，君臣未定，战争不息，何得言婚。"（《旧唐书·卷一九四·突厥传下》）

俟屈利毗和乙毗钵罗肆二人相争，结果反由吞阿娄拔利郯得到可汗之位，称咄陆可汗。贞观八年，咄陆可汗过世，汗位由其弟同俄设嗣立，称沙钵罗咥利失可汗（634—639 在位）。

几经内乱后，西突厥力量已是今非昔比，在西域及中亚的影响更是

① 《新唐书》和《旧唐书》皆说是封德彝的建议。

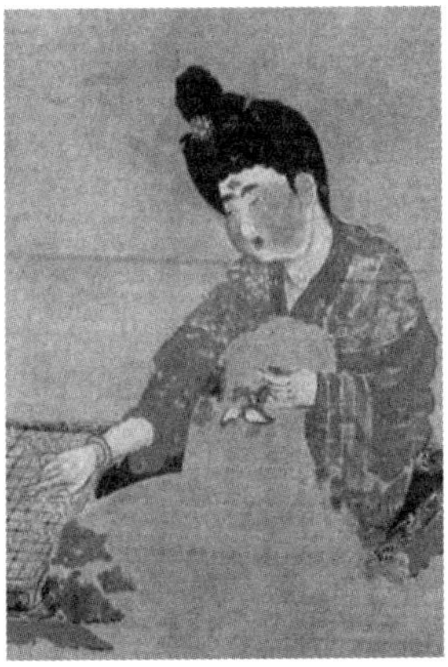

弈棋仕女图

唐代绢画，表现了一名女子精心布棋的专注神情

大幅跌落。沙钵罗咥利失可汗为增强声势，在他即位的第二年即贞观九年（635），派使向唐太宗请求和亲。沙钵罗咥利失一年之内三度遣使唐朝，还送五百匹骏马，只希望唐朝同意和亲。唐太宗对于西突厥的来使只厚加赏赐，但并未答应和亲。

西突厥后来分化为十部，以碎叶城为界，以东为五咄陆部，以西为五弩失毕部。后来，沙钵罗咥利失可汗为部下所逐，逃往焉耆。西突厥另立欲谷设为乙毗咄陆可汗，拥兵自重而与咥利失分庭抗礼。经过一番对抗，最后双方达成协议，以伊犁河（今新疆维吾尔自治区境内）为界，河以东归咥利失，以西属乙毗咄陆，从此西突厥汗国一分为二，彼此间交战不已。

贞观十七年（643）八月，乙毗咄陆可汗遣使向唐请求和亲，唐太宗将求婚使者大大斥责一番，他说："尔数年阙朝献，而敢留我使人，比如摘丛林一叶，盗河水一滴，于我大国无损，在尔褊识不足。"拒绝和亲之请。

到了贞观二十年（646），唐太宗册立沙钵罗咥利失可汗之孙为乙毗射匮可汗，他向唐朝请求和亲。唐太宗有感乙毗射匮曾将被乙毗咄陆可汗扣留的唐朝使者送回长安，于是答应他的请求，但前提是乙毗射匮可汗要把龟兹、于阗、疏勒、朱俱波（今新疆维吾尔自治区喀什市一带）以及葱岭割让给唐朝，作为迎娶的聘礼。可是这些地方对西突厥的边防关系甚为重大，一旦失去，将会影响西突厥的安危乃至存亡，所以乙毗射匮可汗没有答应，这次和亲也以破局收场。

别具形式的另类和亲

西突厥汗国灭亡后，广大的西域及今中亚地区一带形成权力真空的局面，铁勒部落中的突骑施趁机崛起。突骑施内有三大主姓部落，分别是突骑施、车鼻施及处木昆。

突骑施汗国的开创者乌质勒与第一代可汗娑葛父子因出身突骑施姓氏，所以取突骑施为汗国名，也为整个部落名，雄主苏禄（？—738）则出身车鼻施姓氏，汗国权臣则多出身处木昆姓氏。

西突厥汗国灭亡后，正是苏禄主掌突骑施汗国之时，他拥兵二十多万，称雄西域。此时中原是唐玄宗时期，为了维持西域安宁，笼络突骑施汗国的雄主苏禄，玄宗于开元三年（715）派御史解忠顺到西域，册封苏禄为忠顺可汗，从此苏禄每年都向唐朝进贡。

开元十年（722），玄宗封西突厥十姓可汗阿史那怀道的女儿为交河公主[1]，将其嫁与突骑施汗国的苏禄可汗。交河公主不是汉族人，所以此

① 一说金河公主，这里从《新唐书》《资治通鉴》。

现为中国历代货币博物馆藏品

次和亲别具特色。交河公主出嫁时，由著名史学家杜佑[①]之父亲杜希望负责护送。

苏禄可汗南与吐蕃结好，东与第二东突厥汗国通好，吐蕃、东突厥都把女儿嫁给他做可贺敦，北契丹也因为可汗阿热之母是突骑施人而臣服于突骑施。也就是说，苏禄得到了南、东、北邻国的支持。

开元二十六年（738）六月，苏禄可汗被部下莫贺达干所杀，由其子骨啜立为可汗（有些文献写作吐火仙可汗）。骨啜攻占碎叶城。次年八月，唐安西大都护盖嘉运率兵攻打碎叶城，骨啜可汗亲自出战，但是一路败退，最后在碎叶城东南的贺逻岭被盖嘉运活捉。另外，盖嘉运又分遣疏勒镇守使夫蒙灵察，跟拔汗那王阿悉烂达干暗中率兵袭击怛罗斯（约为今哈萨克斯坦南方塔拉兹城），阿悉烂达干攻入曳建（其地不详，推测应在中亚）城，俘获交河公主。盖嘉运把各胡族部都交给拔汗那王阿悉烂达干统辖。这一战让唐朝威名震动西域。

开元二十八年（740），盖嘉运返京献俘，唐玄宗赦免骨啜可汗之罪，拜为左金吾大将军，盖嘉运又奏请朝廷派人统御西域突厥各部落，请以阿史那怀道之子，也就是交河公主之兄阿史那昕为十姓可汗。唐玄宗准其所奏，并册立阿史那昕之妻凉国夫人李氏为交河公主。也就是说，唐

① 公元735年至812年，著《通典》一书。

交河公主

交河公主善于经商，曾派牙官携带一千匹马到安西四镇互市，商队生意鼎盛，获得极大利润。

此外，交河公主笃信佛教，曾在她所居住的碎叶城兴建大云寺，然而到玄宗天宝七年(748)时，这座寺庙已经“城壁摧毁，邑居零落”。(《通典》)

《旧唐书·突厥传下》记载，开元十三至十四年（725—726）时，杜暹出任安西大都护，交河公主的商队到了大都护所在地，遵照公主的交代向杜暹传教。杜暹才不高却气傲，愤怒地说：“阿史那氏女，岂合宣教与（于之误）吾节度耶！”并把商队首领痛打一顿，而且扣留了整个商队约五百人。

由于天寒地冻，所有马匹几乎都被冻死，交河公主蒙受重大损失，于是向丈夫苏禄可汗哭诉，苏禄可汗立即发兵攻打安西四镇，大肆掠夺。《资治通鉴·卷二一三》载：“四镇人畜储积，皆为苏禄所掠。”不久杜暹就失去了安西大都护的职位，想必与他处置失当不无关联。

朝有两个交河公主，可惜的是，文献上没有再记载这两位交河公主最后的结果。

突厥与西域诸国的和亲

突厥强盛时，东起大兴安岭、直抵渤海，西止里海，南达万里长城，北至贝加尔湖周边，疆域之大与匈奴全盛时期相比毫不逊色；西突厥更拥有今南北两疆及中亚，各绿洲国家无不臣服，因此与西域各国有婚姻关系也是不可避免的。现在仅就文献所及分述如下。

一、突厥与康国的和亲

当时中亚地区多为粟特人，他们所建立的各绿洲国家就是一般文献所说的昭武九姓诸国。粟特人善于经商，再远的地方只要利之所在，也不辞辛劳。

突厥强盛时，昭武九姓都臣服于突厥汗国。

突厥与康国的和亲基本上是平等的，据《北史·西域传》记载："康国者，王字世失毕，为人宽厚，甚得众心。其妻，突厥达度可汗女也。"达度可汗就是室点密系西突厥达头可汗。隋大业元年至十四年（605—618）时，康国王屈术支又娶西突厥统叶护可汗的女儿为妻。

二、突厥与吐谷浑的和亲

吐谷浑在五胡十六国时代并不突出，经常向强者称臣，可是到了南

中亚昭武国

据《新唐书·西域传》记载，昭武九姓各国“康者，一曰萨末鞬，亦曰飒秣建……君姓温，本月氏人，始居祁连北昭武城。为突厥所破（此处应为‘为匈奴所破’，唐人常把匈奴、突厥混用），稍南依葱岭，即有其地。支庶分王，曰安，曰曹，曰米，曰石，曰何，曰火寻，曰戊地，曰史，世谓九姓。”曹有东、中、西三曹，安有东、中、西三安，所以总共有十来国，但总以康国马首是瞻，唐僧玄奘在《大唐西域记》中也说：“飒秣建国（就是康国）……凡诸胡国（指昭武九姓各国），此在其中，进止威仪，近远取则。”所以可以知道，康国在昭武九姓十来国中，居于领袖地位。

昭武九姓各国是典型的商业民族，谁力量大就投靠谁，几乎没有政治意识，更谈不上国家民族观念。近人王国维就曾在《观堂集林》中说：“西域人民，以国居东西之冲，数被侵略，亦遂专心职业，不复措意政治之事，是故希腊来则臣希腊，大夏月氏来则臣大夏月氏，哒来则臣哒，九姓昭武来则臣九姓昭武，突厥来则臣突厥，大食来则臣大食。虽屡易其主，而人民之营其生活也如故。当时统治者与被治者间，言语风俗，固有不同，而统治一级，人数较少，或武力虽优而文化较劣，狎居既久，往往与被治者相融合，故此土之言语风俗，非统治者之言语风俗，实被治者之言语风俗也。然则论西胡之事，当分别统治者与被统治者二级观之，否则鲜不窒阂矣。”

王国维的这种看法，对中亚民族的特性，不仅入木三分，更是一针见血。

吐谷浑简介

吐谷浑原本是一个人名，五胡十六国初期，鲜卑慕容部有慕容廆、吐谷浑二人，各拥人民。后来双方的人民发生斗马事件，吐谷浑一气之下带着自己所属人民西迁，初到阴山，之后再向南移，到达今天的甘肃、青海一带，威服了当地的氐、羌各族，建立政权。

之后，吐谷浑的孙子叶延以“吐谷浑”为国名建立国家。吐谷浑虽然不在五胡十六国之内，却是国祚最长的少数民族政权，一直到武则天时期才灭亡。

北朝后期与隋唐之交时，曾一度强盛，势力达到今天山南麓一带，也可以算是一时之雄。

《北史·突厥传》曾载：“吐谷浑者，启人少子莫贺咄设之母家也。”这里的“启人”就是东突厥启民可汗。所以可知启民可汗曾与吐谷浑和亲，并生下莫贺咄设。启民可汗在位时间是公元599年至609年，大约是中原王朝的隋文帝开皇十九年至隋炀帝大业五年。

三、突厥与焉耆的和亲

焉耆是西域文明古国，《大唐西域记》称之为阿耆尼。焉耆四面据山，道险易守难攻，最早的居民是吐火罗（今伊朗东部，阿拉伯人称其为“呼罗珊”）人，有自己的语言和文字，信奉佛教。

西突厥汗国强盛时，焉耆臣服于西突厥，当时的焉耆王姓龙，名突骑支。唐太宗贞观十四年（640），西突厥咥利失可汗在位时，西突厥重臣屈利啜为其弟娶焉耆王的女儿为妻，双方通过婚姻关系结为军事同盟。焉耆有了西突厥为靠山，便不再臣服于唐朝，也不向唐朝称藩进贡。唐太宗于是命唐安西都护郭孝恪出兵讨伐焉耆，西突厥屈利啜也真的率军来援，但被郭孝恪打败。唐军攻入焉耆城，活捉焉耆王龙突骑支夫妇，押送洛阳。

四、突厥与契丹的和亲

契丹早期游牧于高车西边，汉时高车聚居于贝加尔湖（古称北海）东西两边，契丹南边是呼揭，呼揭再南就是匈奴。匈奴消失后，契丹南移，与突厥为邻。据《新唐书》载："坚昆（即契丹），本强国也，地与突厥等，突厥以女妻其豪酋。"可见突厥确实与契丹有婚姻关系。

五、突厥与于阗的和亲

于阗以产玉名闻古今。据《北史·西域传》载："（其国人民）颇类华夏"，而《旧唐书·于阗传》则称："其王姓尉迟氏，先臣于西突厥"，可见于阗也是西突厥的属国。

据相关文献所载，于阗王伏阇耶散瞿罗摩的妹妹曾经嫁给西突厥可汗，成为西突厥可贺敦，但后来不知道为何出家为尼。于阗与突厥既为姻亲，双方也就自然成为军事同盟。唐玄宗开元十三年（725），于阗王尉迟眺且在西突厥的支持下叛离唐朝。

六、突厥与波斯的和亲

波斯统治中亚两河地区。隋唐时，波斯东与吐火罗、康国接壤，毗

四十个姑娘

关于契丹民族的起源有很多传说，其中尤以四十个姑娘一说最为浪漫。

传说在远古时代有一对兄妹，兄名舍赫·曼苏尔·哈拉智，妹名阿纳勒。某日，兄妹二人到山上游玩，走进一山洞，见洞中住有一群青年人，兄妹就与他们玩在一起。

不巧被“圣人”发现，认为这对兄妹破坏山中“圣规”，就禀报了国王。国王于是将这对兄妹处以绞刑，之后还将他们的尸体烧成灰烬抛入河中。

结果河水流入国王的花园水池，恰逢国王的四十个女儿在池中沐浴。一时间，只听见水中发出“冤枉”的呐喊声，出于好奇，她们伸手触摸了河中之骨灰。不久后，这四十个公主就都怀孕了，国王震怒之下，将她们逐出国境。其中三十个公主向右转入山区；另外十个公主向左转入山区。

时至今日，数字“四十”在中亚某些地区仍有着神圣而神秘的含义。

邻突厥所属可萨部，西北连东罗马帝国，西南临大海。

隋、唐之际，西突厥统叶护可汗曾经攻打波斯萨珊王朝，两任波斯国王都死于西突厥人之手。据《旧唐书·卷一九八·西戎·波斯传》所载，从此，波斯被迫“役属于（西）突厥”，法国汉学家沙畹在他所写的《西突厥史料》里，也说西突厥可汗曾将女儿嫁与波斯。

第九章

西突厥汗国

突厥民族一开始就是分东、西两个方向各自发展的，所以东、西突厥汗国从最初就是两个政治实体，各自独立发展。

近代学者巴尔托里德应该是最早提出这种看法的学者，他在《巴尔托里德文集》中说：“突厥国家从一开始就只由一个王朝统治，而不是由一个人进行统治。统治西部的诸汗自始就是完全独立的。”这个看法是正确的。

西突厥概况

西突厥领地以西域为主，主要由左、右两厢部落组成，在碎叶川以东的称咄陆部，以西的称弩失毕部，各辖五个姓氏部落。左厢五姓酋长称啜，右厢称俟斤，每姓各颁发一支令箭，合称两厢十姓（十箭），于是十姓或十箭就成为西突厥的代称，但所谓十姓（或箭）只是凑成整数的说法。

十姓虽同属一个可汗统治，但是地位高低有不同，左厢五咄陆为处木昆（酋长爵位为律啜，以下同）、胡禄居（阙啜）、摄舍提（暾啜）、突骑施（贺逻施啜）及鼠尼施（处半啜），右厢五弩失毕为阿悉结（阙俟斤）、哥舒（处半俟斤）、拔塞干（暾沙钵俟斤）及阿悉结（泥孰俟斤），实际上只有三弩失毕。左、右两厢只有八部。可是到了唐朝，又超出十部，这是因为突骑施分为贺逻施啜及索葛莫贺啜两部，增加了葛逻禄、处月和处密。两厢地位并不平等，酋长爵位称啜的左厢五咄陆地位较高，如贵族阿史德氏就是称啜；而右厢五弩失毕多半是异姓突厥，或是和突厥不同种族的九姓铁勒部落。

关于西突厥汗国的疆域，较早的史料有以下三项记载：

《隋书》称：“东拒都斤，西越金山，龟兹、铁勒、伊吾及西域诸胡悉附之。”

《旧唐书》作：“东至突厥国，西至雷翥（音‘注’，意为飞翔）海，南至疏勒，北至瀚海。”

《新唐书》称：“东即突厥，西雷翥海，南疏勒，北瀚海。”

金山就是阿尔泰山，雷翥海是咸海，瀚海指天山北麓，从地图上就可以看出西突厥汗国的大致轮廓。

与西突厥室点密系后人射匮可汗同时，东突厥阿波系的处罗可汗正声势浩大。后处罗可汗归顺隋朝，阿波系就逐渐退出西域。此后，西突厥射匮可汗乘胜向东拓展，征服高车以及臣服高车的一些绿洲国家，把西突厥汗国拓展到天山东部地区。《旧唐书·北狄传·铁勒》称：“西突厥射匮可汗强盛，延陀（即薛延陀）、契苾二部并去可汗之号以臣之。”

《旧唐书》没有指出薛延陀、契苾二部放弃可汗名号而臣服西突厥的具体时间，不过从相关事件可以推测大概的年代。隋炀帝大业八年（612）冬，高昌王麹伯雅从隋境返回高昌时，曾经说要改变为汉人服饰，但是后来由于高车的反对而作罢，对于这件事，《隋书·西域传·高昌》有如实记载：“虽有此令取悦中华，然竟畏铁勒而不敢改也。”高车强盛时曾派有官员驻扎高昌，以为监督，当然不容许高昌易服汉化。

从以上记载，可以推测至少在隋大业八年时，西突厥力量还没有到达西域东部的高昌。唐太宗贞观元年（627），玄奘到天竺取经，途经高昌，这时的高昌已经臣服于西突厥汗国，还与西突厥和亲，所以可以断定，西突厥汗国征服西域东部是在隋大业八年至唐贞观元年之间。

极盛的西突厥汗国

射匮可汗去世后，其弟统叶护可汗嗣立。统叶护智勇双全、能征善战，他北并高车诸部，西拒波斯，南接罽宾，拥有控弦之士数十万，西突厥汗国的声势在统叶护可汗的治下达到顶点。《旧唐书·突厥传下》对这一盛况有以下记载："统叶护可汗勇而有谋，善攻战。遂北并铁勒，西拒波斯，南接罽宾，控弦数十万，霸有西域，据旧乌孙之地。又移庭于召国北之千泉。其西域诸国王悉授颉利发，并遣吐屯一人监临之，督其征赋，西戎之盛，未之有也。"

据唐人慧立、彦悰所著的《大慈恩寺三藏法师传》所载，玄奘曾经见过统叶护可汗："可汗身着绿绫袍，露发，以一文许帛练裹额后垂……达官二百余人皆锦袍编发，围绕左右。自余军众皆裘毼毳毛，槊纛端弓，驼马之骑，极目不知其表。"

《旧唐书》对统叶护可汗功绩的记载不够全面，对中亚部分只用"西拒波斯"四个字带过。其实统叶护可汗对西突厥汗国的贡献正是在于开拓中亚疆域。

西突厥汗国初建时，室点密、达头可汗的牙帐在龟兹北面的天山谷，到射匮可汗时，才开疆拓地，"建庭于龟兹北三弥山（今新疆维吾尔自治区库车县北方）"（《旧唐书·突厥传下》）。统叶护可汗开辟西域，把牙帐向西迁到碎叶附近的千泉，统治中心西移有利于向中亚发展。

"南接罽宾"，罽宾在唐朝文献中作"迦毕式"。玄奘到天竺取经，势必要经过罽宾，统叶护可汗为了照顾玄奘，特别在军中挑选既通晓汉语又能说罽宾等少数民族语言的人，陪玄奘到天竺取经。结果找到一个曾在长安待过几年会说汉语的少年，封他为摩咄达官。此外，统叶护可汗又写了许多封“介绍信”给各国官员，可见统叶护可汗对唐朝和玄奘法师都相当重视。从这件事可以知道，当时西突厥汗国的势力已经达到兴都库什山（今阿富汗境内）北麓，也可以证实《旧唐书》所说的统叶护可汗时疆域“南接罽宾”。

统叶护可汗新征服的疆土大致上是铁门关（今新疆维吾尔自治区境内）以南、兴都库什山以北、葱岭以西及波斯以东的广大地区，玄奘与弟子辩机合著的《大唐西域记》中，称这一大片地区为“吐火罗故国”，描述如下：“出铁门关至睹货罗（即吐火罗）国故地，南北千余里，东西三千余里，东厄（同扼）葱岭，西接波剌斯（即波斯），南大雪山（即兴都库什山），北据铁门，缚刍大河中境西流。自数百年王族绝嗣，酋豪力竞，各擅君长，依川据险，分为二十七国，虽划野区分，总役属突厥。”

西突厥泥撅处罗、射匮及统叶护在位时，正是隋唐之际，中原大乱，各地豪酋纷纷割地自据。这对西突厥而言是一个很好的发展机会。统叶护可汗时，西突厥向东发展；唐高祖武德三年（620），统叶护已拿下吐火罗故地，环顾西边已无对手。而唐朝正面临东突厥的恃强肆虐，于是唐朝遣使结交西突厥统叶护可汗，统叶护可汗也在当年遣使入唐，据说还带来了鸵鸟蛋。当统叶护可汗的使者到长安后，唐朝对其“厚加抚结”，希望双方可以合作，联兵攻打东突厥。统叶护可汗答应会在武德五年冬天出兵。

唐朝与西突厥结盟的消息传出后，东突厥颉利可汗心生恐惧，遣使西去，希望和平共存，不要互相攻击，这才化解了东突厥的危机。从这一点可以看出，当时西突厥的国势已强盛到足以影响唐朝和东突厥，只要西突厥答应与一方结盟，就可能消灭另一方。

西突厥汗国的治理制度

西突厥汗国疆域辽阔，如何治理呢？经过比较相关资料后，归纳西突厥汗国的统治大致运用了以下几种方式。

一、实行代理人制度

西突厥汗国幅员辽阔，在中亚河中地区锡尔河、阿姆河之间，大小绿洲国家密布其间，有如天上繁星。突厥人无法派官员到每一座城邦统治，只能采取代理人制度，也就是重新任命各城邦原来的统治者，然后派人长驻监督。《新唐书·突厥传下》记载，西突厥汗国对西域各绿洲国家君王“悉授以颉利发，而命一吐屯监统，以督赋入”。西突厥把各绿洲国家原来的君王任命为颉利发，在国家内仍是君王，只是面对西突厥可汗时，身份就变成颉利发。

西突厥对某些属国也采取不同的措施，一种是刻意培植亲突厥的势力用来分化属国旧势力。例如封龟兹国君白·诃黎布失毕为颉利发，封国君弟为叶护，目的在于分化龟兹原有的政治势力，使龟兹王兄弟彼此猜忌，从而有利于突厥的统治。另一种类型则是干脆废除属国国君，直接派突厥人主持朝政，例如吐火罗。《大唐西域记》就指出：“其王突厥（人）也。”又如石国，据《大唐西域记》称：“西突厥杀其王，以特勤匐职统其国。”

二、自上而下的和亲

自西汉以来，“和亲”一直是中原王朝笼络四周民族政权的一种手段，也是一种外交方式。西突厥汗国为凝聚向心力，也使用“和亲”这个有效的方式。《新唐书》中载：疏勒“王姓裴氏，自号阿摩支……突厥以女妻之”；俱密“其王突厥延陀种”。又如《大唐西域记》提到焉耆国时说：“焉耆国……其王龙突骑支……西突厥臣屈利啜为弟娶突骑支女。”

这些人都处于上层阶级，所谓上有好者，下必甚焉。一般庶民自然起而效法，这样一来，既巩固了突厥民族的统治，也加速了西域在人种上的突厥化。西域各民族与突厥人因婚姻而形成一种新的民族，由于突厥人占有优势地位，所以突厥的语言、习俗也就成为融合后新民族的语言、习俗。

三、以兵威震慑

《隋书》载：“处罗可汗（即西突厥泥撅处罗可汗）……多在乌孙故地，复立二小可汗，分统所部，一在石国北，以制诸胡国；一居龟兹北，其地名应娑（鹰娑）。”可见泥撅处罗可汗为顺利统治广大的西域，分别在石国北、龟兹北设立小可汗，驻扎重兵以震慑。

又如《旧唐书》记载，射匮可汗“建庭于龟兹北三弥山”，统叶护可汗“又移庭于石国北之千泉”。牙帐就是游牧国家的京师，突厥牙帐所在地都驻有重兵，一则保护牙帐，二则震慑当地民族。例如《新唐书·龟兹传》提到唐太宗贞观二十一年（647）唐军伐龟兹，俘获龟兹主诃黎布失毕时，龟兹国相那利趁夜色逃走，很快就搬来西突厥一万多名救兵。可见西突厥在龟兹北的鹰娑驻有军队。以此类推，西突厥在石国北的千泉必然驻有更多军队。

又如《大唐西域记》载，吐火罗有一座佛寺，名为纳缚伽兰（伽兰就是佛寺）。据说这座佛寺的佛像镶有珍贵珠宝，寺中各处也都镶嵌奇珍异石，价值连城，所以各国君主无不觊觎这些宝物，只是传说这座佛寺有毗沙门天神保护（毗沙门天神原是印度国土守护神），这些君王虽然心动，却不敢行动。

可是西突厥肆叶护可汗偏偏不信邪，他出动大军团团围住佛寺，要劫掠这些珍宝。据说到了晚上，大军屯驻郊外，肆叶护可汗做了一个梦，梦里毗沙门天神责问他哪来的胆子，竟敢破坏佛寺。之后还用长戟刺穿他的胸背。肆叶护可汗因感觉心痛而惊醒，急忙派人去请高僧，准备向毗沙门天神忏悔谢罪。可惜高僧还没请到，肆叶护可汗就已经心痛过世了。

虽然这只是个传说，但从中也可看出西突厥汗国对吐火罗的重视。以兵威进行震慑是西突厥汗国统治庞大帝国的策略之一。

四、宽松的统治

西域地区极为广袤且民族复杂，绿洲国家之间往往都有沙漠阻隔，所以一直以来，并未出现一个强大的统一的国家，而外来力量如果不是人口众多，也很难完全掌控所有绿洲国家。一旦西突厥汗国本身不稳定时，各绿洲国家就有发生战争的可能。西突厥人口不多，而西域地域辽阔，当然只能宽松地统治，各属国除定期缴纳贡赋外，几乎都保有原来的国家形态，如政府机构、军队编组、政策法规以及宗教信仰、语言文字与生活习俗等。

以上四项是西突厥汗国治理庞大帝国的方式，是西突厥根据自身人口与所控制地域情况而总结发展出的最有效的治理方式。唐朝击败西突厥后，所有绿洲国家又都成为唐朝的属国。虽然唐朝在西域设置了许多都督府、州，但是在实质上仍然以原来的国君或部落酋长为都督，而且连贡赋都免了，较之西突厥时的按时征税更为宽容。

东西突厥之争

突厥汗国从达头可汗于北周明帝元年（557）即位后，就致力于统辖西域。当达头可汗解决完西部问题后，也曾经想解决东突厥问题。时值东突厥都篮可汗与染干启民可汗内乱之时，染干得到隋文帝支持，被封为意利珍豆启民可汗。都篮可汗于是联合达头可汗寇掠隋朝边境，隋文帝开皇十八年，突厥“达头可汗犯塞，以（杨）素为灵州道行军总管，出塞讨之……达头被重创而遁，杀伤不可胜计”（《隋书·杨素传》）。次年，都篮可汗被部下所杀，达头于是自称步伽可汗（《隋书·文帝本纪》）。

开皇二十年（600），达头可汗又大举犯塞，隋朝派晋王杨广及杨素率兵防御，大败达头可汗之兵。达头在撤退途中遇到长孙晟所统率的隋军，长孙晟见突厥军士的饮用水是泉水，于是便在泉水源头下毒，结果达头可汗所统的突厥人畜多被毒死，达头可汗只能连夜逃走（《资治通鉴·卷一七九》）。这次达头可汗的东进又是无功而返。

达头可汗两次东进，都是想要打击受隋支持的东突厥启民可汗。隋为保护启民可汗与东突厥，也在边境屯兵两万。隋文帝仁寿元年（601），达头可汗又集中兵力东进，隋军大败，据《隋书·韩洪传》称：“（韩）

洪率所领，溃围而出，死者大半。”达头可汗乘胜直追，进击云州、围攻夏州，步步逼向东突厥启民可汗，隋朝特派赵仲卿督筑金河、定襄二城，以安置东突厥启民之众。

战事明显对隋不利，想从战场上解决西突厥问题，可能性不大，而想让达头可汗退兵，就必须另辟战场。于是隋朝积极分化依附西突厥的各小国，据《隋书·长孙晟传》所载，仁寿三年（603），“有铁勒思结、伏利具、浑、斜萨、阿拔、仆骨（或作固）等十余部尽背达头，请来降附”。铁勒思结等十几个部落的背叛引起西突厥汗国内部动乱，尽管达头可汗急速赶回，但也被逼得落荒而逃。据《隋书·长孙晟传》称，达头可汗最后逃奔至吐谷浑，想消灭东突厥启民可汗的愿望固然无法达成，想称霸突厥的美梦也随之幻灭。

达头可汗在东征前，将西突厥汗国交给儿子鞅素特勤掌管，称咄陆可汗。咄陆不久就病逝了，传位于子泥利可汗。仁寿三年泥利过世后，子达曼嗣立，称泥撅处罗可汗。据《隋书·突厥传·西突厥》所载，泥撅处罗可汗“抚御无道”，让西突厥汗国陷于内乱。据《旧唐书·回纥传》所载，隋炀帝大业元年（605），“（西）突厥（泥撅）处罗可汗击特勒（即高车）诸部，厚敛其物，又猜忌薛延陀，恐为变，遂集其渠帅数百人尽诛之，特勒由是叛”。

由于泥撅处罗可汗年岁尚轻，威望不足，让西突厥汗国陷入内乱，其叔父射匮可汗想要取而代之，西突厥汗国贵族之间起了内讧。隋朝趁机招揽，而泥撅处罗可汗的生母向夫人此时正在隋朝境内，泥撅处罗可汗于是投奔隋朝。

泥撅处罗可汗东归隋朝后，射匮顺理成章当上了西突厥的大可汗。射匮精明干练，努力稳定西突厥汗国。据《旧唐书》称，这时西突厥“东至金山，西至海，自玉门以西诸国皆役属之”。

射匮可汗于唐武德元年（618）病逝，其弟统叶护可汗嗣位。这时正

达头可汗逃奔吐谷浑

达头可汗怎么说也是西突厥的大可汗，西突厥不会没有他的立足之地，为什么达头可汗要逃到吐谷浑呢？我们只能从相关的状况试加推测。

西突厥实行多可汗制，除中面可汗是大可汗外，其他东、西、北、南面可汗都是小可汗。当达头可汗人还在东方战场时，铁勒思结等十几部叛乱，泥撅处罗可汗就已经担任西突厥大可汗之位。

泥撅处罗可汗的母亲即为隋朝的向夫人，所以可推测泥撅处罗可汗是亲隋的。而达头可汗率军东征就是跟隋作战，现在诸部叛乱，如果贸然回西突厥，有所不妥，这应该是其中一个原因。

其次，他率领突厥子弟向东侵隋，两度大败，“杀伤不可胜计”。后来虽然战胜了隋朝的韩洪，可是随他出征的突厥士兵死伤过多，大有无颜见江东父老的意味。

从他的曾孙当上西突厥大可汗来推算，达头可汗此时至少六十岁了。他离开战场西返途经吐谷浑时，也许就病逝途中，所以《隋书·长孙晟传》说他“西奔吐谷浑”。

是隋唐交替之时，中原大乱，根本无力西顾，智勇双全的统叶护可汗趁机发展实力，移牙帐于石国北之千泉，任命属国国君为颉利发，并派遣吐屯一人长驻各属国，作为监督，收取贡赋，西突厥汗国国力达到顶峰，《旧唐书·突厥传下》赞之为“西戎之盛，未之有也”。

泥撅处罗可汗归隋

泥撅处罗可汗的母亲向夫人这时正在隋朝境内，处罗又正面临内有叔父射匮的挑衅，外有高车诸部的叛变的处境，内外交困之下，经隋朝使者游说，泥撅处罗可汗终于决定归顺于隋。据《隋书》称，其“流涕再拜，跪接诏书”。

泥撅处罗可汗虽跪接诏书，但并未立即付诸行动，隋炀帝对此大为光火。射匮可汗便抢先遣使到隋都长安，隋炀帝想要借机使力，让处罗可汗早早率众前来归顺，于是在仁风殿接见射匮的使者，“一言处罗不顺之意，称射匮有好心，吾将立为大可汗”（《隋书·突厥传·西突厥》）。

射匮早已对处罗当大可汗心怀不满，听到中原王朝要立他为大可汗，当然非常高兴，于是便公然兴兵袭击泥撅处罗可汗。处罗在毫无防备之下被袭击，自然大败，只带了几千骑兵东走，在路上又被劫掠，后来逃到高昌，隋炀帝派兵把他接到隋朝境内。

统叶护可汗治理下的西突厥

在统叶护可汗的苦心经营下，西突厥汗国达到盛世。经整理各项文献，归纳统叶护可汗的主要作为可以从以下几个方面来看。

一、在千泉建立牙帐

统叶护可汗初登汗位时，牙帐位于龟兹之北的三弥山，此地虽水草丰美，但龟兹在天山之南，北有天山山脉阻隔与北疆的交通，要进入河中地区更是路途遥远，就西突厥如此广大的疆域而言，三弥山绝对不是合适的牙帐所在地。因此统叶护身登大位之后，就把牙帐迁到碎叶附近的千泉。

千泉，顾名思义，是一处有很多泉池的地方，《新唐书》对千泉的描述为："地羸二百里，南雪山，三垂平陆多泉，地因名之。"四百多年后，契丹耶律大石建立的西辽也以千泉附近为都，称虎思斡尔朵。千泉、碎叶一带向西能握河中地区，向东则可控天山北麓，作为西突厥汗国牙帐所在地是极为合适的，足以证明统叶护可汗有过人的眼光。

二、开疆拓土，辟地日广

统叶护可汗征服吐火罗地区后，便派阿史那贵族监临其地。玄奘曾经亲临此地，他在《大唐西域记》中说，此地区的情况是"酋豪力竞，各擅君长，依川据险，分为二十七国，虽划野区分，总役属突厥"。而慧超的《往五天竺传》也说，吐火罗的情况是"土人是胡，王及兵马突厥"。这里说"王及兵马突厥"，可见吐火罗已被并入西突厥的统治和文化圈内。

除此之外，西突厥疆域广阔，远至今西亚，当地土著居民和西突厥的后裔就是今天的土耳其人。

三、远交近攻，击败波斯

隋文帝后期（7 世纪初），波斯萨珊王朝趁东罗马帝国内部不稳挥军西进，吞并了大部分西亚土地，耶路撒冷、安条克等名城都落入波斯手中，而且一度兵临君士坦丁堡城下。隋炀帝大业六年（610），东罗马凭借优势海军击退了波斯凌厉的攻势，然而波斯的威胁依然存在。东罗马帝国环顾当时国际局势，在波斯北方的西突厥正向中亚发展，只有联合西突厥，才能彻底解决波斯问题。而统叶护可汗欲向中亚扩张，势必要与波斯冲突。于是东罗马、西突厥互派使者接触后，双方经过长时间洽商，终于决定联兵夹击波斯。唐太宗贞观元年（627），东罗马由皇帝亲自统兵东征，西突厥大军趁势南下。在东罗马、西突厥两军合击下，波斯萨珊王朝在阿拉伯战役中败逃。

阿拉伯战役

《旧唐书·波斯传》对阿拉伯战役有以下记载：

“隋大业末，西突厥（统）叶护可汗频破其国，波斯王库萨和为西突厥所杀，其子施利立。（统）叶护因分其部帅，监统其国，波斯竟臣于（统）叶护。及（统）叶护可汗死，其所令监统者因自擅于波斯，不复役属西突厥。施利立一年卒。乃立库萨和之女为主，突厥又杀之。”

统叶护可汗与东突厥

唐朝统一中国后，从唐高祖到太宗贞观初年都全力对付东突厥，使东突厥无力向西扩张，这就给了西突厥统叶护可汗施展手脚的有利机会。

统叶护可汗深知东突厥颉利可汗的强大，要想击败东突厥，单凭一己之力是达不到目的的，于是想联合新建立的唐朝联兵夹击东突厥。统叶护可汗于唐高祖武德三年（620）遣使入唐。唐朝正苦于颉利的肆虐，对于统叶护的提议自是一拍即合，统叶护同意隔年出兵夹击东突厥，要求与唐朝和亲，唐朝也答应了和亲要求。颉利可汗知道后，紧急遣使统叶护，卑辞厚礼，要求两个突厥“无相攻伐”（《新唐书•西突厥传》），结果联兵夹击东突厥之议不了了之。

然而统叶护并没有放弃联唐灭东突厥的大战略，武德八年（625），统叶护可汗又遣使入唐请求和亲。据《唐会要•卷九四》载：“（武德）八年四月，统叶护遣使请婚。”结果这次请婚又被颉利可汗阻止，没有实现。

西突厥之所以轻易放弃和唐联兵夹击东突厥的远大目标，可能和左厢五咄陆部不愿意全力配合有关。原来西突厥东方的葛逻禄部认为统叶护可汗西征中亚大获全胜之时，一定掠夺了大量金银珍宝，左厢各部却都没能沾到“好处”，心中不免愤怒，认为统叶护可汗“自负强盛，无恩于国”（《册府元龟•卷一〇〇〇》），这里的“国”指的就是左厢各部，因此葛逻禄就开始叛乱。在这种情况下，联兵夹击之事也就失败了。

后来葛逻禄部率先叛投东突厥，西突厥东边重镇可汗浮图城也落入东突厥之手，统叶护可汗威信受损。阿波系后人、建牙帐于金山的小可汗莫贺咄趁机发动政变，杀统叶护可汗，企图自立为大可汗。西突厥陷入一片混乱。

统叶护可汗在位共十二年（618—630）。随着他的去世，庞大的西突厥汗国国力也渐渐衰退。

西突厥汗国的分裂

西突厥汗国左、右两厢不睦，右厢五弩失毕支持室点密系，而左厢五咄陆部则支持阿波系。莫贺咄自立后，建号俟屈利毗可汗；右厢弩失毕诸部则拥立室点密后人莫贺咄设阿史那泥孰为可汗，以便与俟屈利毗可汗抗衡；阿史那泥孰认为统叶护可汗之子咥力特勤人在康国，应该以他为可汗，于是把咥力特勤迎到千泉立为可汗，建号为肆叶护可汗，阿史那泥孰自居辅佐地位，称咄陆可汗。此外还有乙利可汗等小可汗，他们都拥戴肆叶护可汗，准备讨伐弑君自立的俟屈利毗可汗。西突厥汗国就此一分为二，东西对峙，兵戎相见。

正当西突厥内讧激烈之时，东突厥汗国已归顺唐朝，尊唐太宗为天可汗，唐声望之隆，前所未有。俟屈利毗、肆叶护二人也都想跟唐朝结盟，以增强实力，消灭对方，于是遣使长安，欲请求和亲，遭唐太宗训斥：“汝国扰乱，君臣未定，战争不息，何得言婚？”（《旧唐书·卷一九四·西突厥传》）西域、中亚属国草原各游牧部落也都叛离西突厥。这场激烈的内战，最后以肆叶护可汗的胜利而宣告落幕。

据《旧唐书》称，肆叶护可汗“性猜狠信谗，无统御之略”。肆叶护可汗战胜俟屈利毗可汗后，又发兵讨伐新崛起的薛延陀汗国所属的高车各部落，结果反被高车击败。肆叶护可汗一怒之下诛杀拥立有功的小可汗乙利可汗一家，手段残忍，以致“群下震骇，莫能自固”（《旧唐书·西突厥传》）。

肆叶护可汗又对当初避位而征召他出任大可汗的阿史那泥孰起了猜忌之心，想暗中除去阿史那泥孰。泥孰察觉到情势险恶，逃到焉耆避难，时为唐太宗贞观五年（631）。肆叶护坐上大可汗宝座不过两年，位子还没坐稳，就开始杀戮功臣，人心尽失。

肆叶护的行事风格也引起右厢五弩失毕部的反抗，肆叶护可汗众叛亲离。后来设畀达干及弩失毕二部酋长暗中谋划讨伐肆叶护可汗，肆叶护知道后，便率几匹轻骑，逃回最初的封地康国。

肆叶护逃到康国后，不久就过世了，西突厥之众到焉耆迎立阿史那泥孰登汗位，是为咄陆可汗。

咄陆可汗的汗号全称是吞阿娄拔利邲咄陆可汗，“吞阿娄拔利邲”的意思是全采邑的总首领。咄陆可汗虽是由右厢五弩失毕部所拥立，但是他深知自室点密以来都偏向右厢。他嗣立为大可汗后，想对传统做法加以调整，使左、右两厢都能得到平衡的发展。也唯有如此，他的权力基础才会稳固。于是他做出以下几项变革：

一、东迁牙帐

咄陆可汗为了平衡两厢以及不愿过于被右厢弩失毕挟制，唐太宗贞观六年（632），他决定把牙帐东迁到多罗斯川（今额尔齐斯河），此地据《旧唐书》说，是“在西州直北一千五百里，统处密、处月、姑苏、歌逻禄、弩失毕（应是畀失之误）五姓之众”。咄陆可汗把牙帐迁到左厢势力范围之内，此举很明显是要摆脱右厢弩失毕的挟制，因而引发右厢弩失毕诸部的不满。

二、遣使入唐，请求册封

唐太宗挟灭东突厥汗国的声势，被奉为天可汗，而西突厥咄陆可汗初立，内部又两厢不和，所以需要大唐的册封，以增加发号施令的分量。贞观七年（633），咄陆可汗遣使入唐通好，并请求唐朝册封。这时唐朝声势正隆，天山南北一些绿洲国家纷纷遣使唐朝，希望能与大唐维持友好关系，以增进贸易利益。与西突厥咄陆可汗关系非常好的焉耆王龙突骑支也遣使入唐，《旧唐书·焉耆传》载：“遣使贡方物，后请开大碛路以便行李。”这里的“大碛路”就是指丝路，而“行李”则指使者[①]。

唐太宗因此派刘善因持节出使西突厥，承认咄陆可汗是西突厥的大可汗；同年，咄陆可汗又遣使贡方物。咄陆可汗接受唐朝册封可以得到以下三项利益：其一，稳定自己在西突厥的领袖地位；其二，可以继续成为西域绿洲国家的盟主；其三，可以在丝绸之路上获得巨大的商业利益。

自从西突厥控制广大的西域后，游牧不再是突厥唯一的生活方式，尤其突厥贵族对物质的需求早已超过游牧时代。突厥贵族既已脱离游牧生活，狩猎就成为一种休闲活动。波斯、东罗马乃至欧洲对丝绸的需求与日俱增，巨大的经济利益也使得西突厥必须向强大的唐朝低头。

① 也可指官府导从之人，或行旅时所带之衣物。

三、误纳阿史那社尔

东突厥阿史那社尔兵败后，诈降于西突厥咄陆可汗，咄陆可汗信以为真，加以接纳，因此种下祸根。咄陆可汗为抑制以往偏重右厢弩失毕诸部，而改为重视左厢，引起右厢不满，右厢弩失毕诸部因而拥立咄陆的弟弟同俄设为可汗。

咄陆可汗正需要一支军队以增加自己的力量，以便震慑弩失毕部。恰在此时，阿史那社尔前来诈降，咄陆可汗在情势危急之下不加细察就予以接纳。阿史那社尔正好长驱直入，趁咄陆不设防的情况，占领西突厥汗国东面重镇可汗浮图城，紧接着攻城略地，夺下西突厥半壁江山，《册府元龟》称："半有其国，得众十余万，自号都布可汗。"阿史那社尔虽自号都布可汗，统有西突厥东部领地，却仍然忠于东突厥，这让咄陆可汗在西突厥境内威信尽失。隔年，也就是贞观八年（634），咄陆就郁郁而终了。

咄陆可汗过世后，同俄设继任可汗，称沙钵略咥利失（或作沙钵罗咥利失）可汗，在突厥语中意为"勇武而团结的可汗"。他鉴于西突厥汗国的根本问题在于两厢不和，所以也希望能调和两厢对立。

沙钵略首先遣使入唐请求册立，得到唐朝承认。之后他又三度遣使唐朝，希望与唐朝和亲，借和亲以震慑内部的不安定。因为此时阿史那社尔仍雄踞东边，而处月、处密等部又直接遣使入唐，有与沙钵略可汗分庭抗礼之意。唐朝也先后派刘善因、桑孝彦出使西突厥，其中刘善因绕道薛延陀再南下，因为直接往西会被阿史那社尔拦截；而桑孝彦则是向南经焉耆然后再向西北。这种迂回走法都是为了避开阿史那社尔盘踞的地区，以成功册立沙钵略可汗。

阿史那社尔夺得可汗浮图城附近一大片土地后，自称都布可汗。阿史那社尔认为东突厥会被唐朝所灭都是因为薛延陀的背叛，于是亲自率领五万骑兵攻击薛延陀，结果偶遇出使西突厥的刘善因，刘善因向军中透露说，唐朝已经册立同俄设为沙钵略可汗。阿史那社尔部众得知后多半逃走，薛延陀又大力追击，大败阿史那社尔。阿史那社尔只好进入高昌。

经此一役，阿史那社尔只剩下一万多人，不得已于贞观九年（635）降唐。阿史那社尔力量的消失对沙钵略可汗来说应该是好事一桩，然而此时石国突然背叛西突厥，让右厢弩失毕势力对沙钵略可汗的不满也开始浮上台面。

沙钵略可汗面对左右两厢的矛盾，不得不向现实妥协，正式将左右两厢制度化。

沙钵略可汗将西突厥割裂为左右两部分，原来以阿波系后裔为主的左厢和以室点密后裔为主的右厢，顺应制度而被迫割裂，降低了西突厥汗国的民族凝聚力。不只如此，依照西突厥传统，只有阿史那贵族才有

沙钵略分制

《旧唐书·卷一九四》记载沙钵略可汗的分制策略，现引录如下：

“俄而其国分为十部，每部令一人统之，号为十设，每设赐以一箭，故称十箭焉。又分十箭为左、右两厢，一厢各置五箭。其左厢号五咄六部，置五大啜，一啜管一箭；其左（为右之误）号五弩失毕部，置五大俟斤，一俟斤管一箭；都号为十箭。其后或称一箭为一部落，大箭头为大首领，五咄六居于碎叶以东，五弩失毕部落居于碎叶以西，自是都号为十姓部落。”

资格世袭称设，而分为左右两厢之后，非阿史那氏也可以称设，提升了异姓突厥的社会地位，同时削弱了阿史那氏的力量，加速了阿史那氏的衰微。何况在左右两厢之外，还有处月、处密、畀失、歌逻禄与姑苏等部，都不在两厢之内。

总之，沙钵略可汗的改革遭到大多数突厥人的反对，《新唐书》就说："咥利失（即沙钵略可汗）既不为众所归……为其统吐屯所袭，麾下散亡……咥利失奔其弟步利设于焉耆。"

统吐屯联合阿悉吉阙俟斤，召集众人拥立欲谷设为大可汗，贬沙钵略为小可汗。不久，统吐屯被杀，欲谷设又被弩失毕部落中的众俟斤击破，沙钵略得以重握大权。欲谷设虽被击破，可是实力尚在，不久又获得一些部落的支持，称乙毗咄陆可汗。从此，沙钵略和乙毗咄陆两可汗形同对立，双方势均力敌，难分胜负，最后协定以伊犁河为界，以东属咥利失，以西属乙毗咄陆，西突厥再次分裂。

贞观十三年（639），乙毗咄陆可汗联合弩失毕部中的吐屯颉利发讨伐沙钵略，沙钵略不敌，《旧唐书》称之"穷蹙奔拔汗那而死"。弩失毕部各首领立沙钵略之弟伽那的儿子薄布特勤为可汗，号乙毗沙钵罗叶护可汗。薄布特勤嗣位之后，立即遣使入唐表示友好，唐太宗也致书加以慰勉，贞观十五年（641），唐以左领将军张大帅为使，前往册立乙毗沙钵罗叶护可汗，并赐以鼓纛。

乙毗咄陆可汗自恃马壮兵强，一面不断向乙毗沙钵罗叶护可汗发动攻击，一面遣使入唐，希望借由唐朝支持消灭叶护可汗。双方战争不断，西突厥仍是一片混乱，各属国见状，也就各自为政。

乙毗咄陆可汗凭恃强兵，又出兵攻打乙毗沙钵略叶护可汗，获胜后还斩杀了乙毗沙钵略叶护可汗。接着，乙毗咄陆吞并弩失毕部。弩失毕诸部不服，纷纷起来抗争，西突厥汗国境内安宁不再。

唐与西突厥争西域

要进入西域，就必须先通过高昌。高昌位居西域东端，由于接近中原，因此相较于西域各国，经济发展较快。唐太宗时，高昌王麴文泰因自恃有西突厥做靠山，对西域各国东来的商队强征暴敛。

代表天山南麓各国的焉耆于是上书唐朝，诉说高昌强征高额“过境税”，焉耆使者更请唐朝绕过高昌另辟道路，以便于西域向唐朝贸易，得到唐朝准许。

这等于断了高昌的财路，高昌大怒，但又不敢对唐朝如何，只得把一腔怒火出在焉耆国身上，于是发兵掠夺焉耆边境，又于贞观十二年(638)攻下焉耆五个城，掠夺一千五百人，焚烧许多房舍(《新唐书·突厥传下》)。从此双方陷入长期战争，战火蔓延至西域大部分地区。

如此一来，丝绸之路当然就不可能畅通，中西贸易形同中断。唐朝这时已灭掉东突厥汗国，吐蕃王朝也与唐朝结成友好同盟关系，这时的唐朝可说是一片升平景象。于是国富民丰的大唐帝国决定出手维护丝绸之路的畅通。

贞观十四年，唐太宗命侯君集为交河道行军大总管。侯君集官任吏部尚书、上柱国、陈国公，地位显赫，这证明唐朝对讨伐高昌的重视。大军再配以薛万钧、姜行本为副总管，另外加上少数民族将领萨孤吴仁、契苾何力与牛进违等人，率多民族联军十来万骑兵，奔向高昌。麴文泰惊吓之下一命呜呼，其子麴智盛临危嗣立，开城出降，侯君集把他送到

商人遇盗图

出自敦煌第45窟壁画。图中手持长矛、穿着汉服的人为强盗，戴胡人帽的人为商人。本图反映了唐代与西域通商路上的艰难险阻

长安，唐太宗封他为左武卫将军、全城郡公，一家人都得到唐朝优待。高昌落入唐朝手中，唐朝设之为西州。

西州既属唐，唐自然得以进出自如。这时西突厥乙毗咄陆可汗为进一步控制局面，令西突厥汗国大臣屈利啜娶焉耆王龙突骑支之女为妻，让焉耆跟西突厥之间结为同盟，焉耆因此不再向唐朝进贡。唐朝首任安西都护郭孝恪建议出兵讨伐焉耆，焉耆王之弟颉鼻、栗婆准叶护等于贞观十八年（644）向唐安西都护郭孝恪投降。

这时，唐朝已采纳郭孝恪讨伐焉耆的建议，郭孝恪就以栗婆准为向导，迅速抵达焉耆都城。郭孝恪俘获焉耆王龙突骑支，任命栗婆准为焉耆国摄政。郭孝恪班师之后，西突厥率军兼程赶来，活捉栗婆准，另立栗婆

新疆吐鲁番“交河故城”遗址

唐西域的最高军政机构安西都护府最早就设在这里

准的堂兄薛婆阿那支为焉耆王，将栗婆准押到龟兹杀掉。此事触怒了唐朝，唐朝进而讨伐龟兹。

突厥兴起，龟兹就成为西突厥汗国的属国，西突厥射匮可汗时曾以贵族阿史那氏一女嫁龟兹王，龟兹国相那利、大将羯猎颠都是亲突厥派。焉耆摄政栗婆准在龟兹被杀，使唐太宗震怒，并决定讨伐龟兹，但因西州（原高昌）距龟兹路途遥远，一时动员不易。正好贞观十九年（645）时，西突厥内乱，射匮可汗遣使入唐请求和亲，唐朝“使（西突厥乙毗射匮可汗）割龟兹、于阗、疏勒、朱俱波、葱岭五国，以为聘礼”（《唐会要》）。乙毗射匮可汗没有答应，而此时阿史那贺鲁被乙毗射匮可汗打败投降唐朝，就在唐朝面前具体分析西突厥虚实。

贞观二十一年十二月，唐出兵讨伐龟兹。次年唐朝各路大军进入西域，一路势如破竹，进入焉耆时，西突厥所册立的焉耆王薛婆阿那支弃城准备西奔龟兹，被唐军俘获后就地处决。

唐伐高昌的四大理由

唐出兵讨伐高昌的理由有四个。

其一，隋朝末年，位于高昌东的伊吾已内附隋朝。隋末天下大乱，而西突厥强大，在不得已的情况下，伊吾只得依附西突厥。贞观四年（630）后，唐灭东突厥，声势大振，伊吾也来降，唐并设为西伊州，引起高昌王不满，竟联合西突厥发兵攻打伊吾。对唐而言，这是莫大的挑衅，自然要加以反制。

其二，唐太宗亲下诏书，要高昌王麴文泰派重臣到唐廷议事，麴文泰不肯，只派长史麴雍来谢罪，唐廷认为这是抗命。

其三，隋末天下大乱，许多汉人逃到高昌避乱，唐太宗时，天下安定，唐要高昌把这些汉人护送回唐，高昌却觉得这些人是一批可贵的“人力资源”，不肯送回。

其四，先前为对抗东突厥，唐朝刻意扶植薛延陀，双方维持着友好关系。结果高昌竟派人挑拨薛延陀，更进而威胁薛延陀，说如果要继续以唐为主，便要发兵攻打薛延陀（见《新唐书·高昌传》），这一点是唐朝最不可容忍的。

唐攻打高昌的导火线还是高昌攻略焉耆这件事。

十二月，唐军进至龟兹国的多褐城，龟兹举国震惊，国王、国相、大将等倾全国精兵迎战，结果全军覆没，唐军俘获国王及大将后押解至长安，国相奔走西突厥求救，西突厥率军前来，和唐军激烈作战。此役唐军大胜，唐朝首任安西都护郭孝恪战死，他手下的大将阿史那社尔接连攻下龟兹以西七百余城，唐朝因此设龟兹都督府，立龟兹王之弟叶护玷为龟兹都督。

唐朝虽任命叶护玷为龟兹都督，但他的威望不足以服众，一直到唐太宗晚年，龟兹形势仍不稳定。唐高宗嗣位时，一度罢废龟兹都督府的封置，恢复龟兹国，将降唐住在长安的原龟兹王白・诃黎布失毕及将相送回龟兹，令其主持国政。可是白・诃黎布失毕内受王妃阿史那氏的摆布，外受国相那利的制约，唐朝号令根本无法推行。唐朝不得已在唐高宗永徽二年（651）再召龟兹王及国相入朝，并囚禁国相那利，遣龟兹王回去主持国政，由中郎将雷文成护送。想不到，才到龟兹边境，情况就有了变化。

稍早降唐的西突厥阿史那贺鲁在得知唐太宗逝世后，在永徽二年自立为西突厥沙钵罗可汗，建牙帐于碎叶。原来留守龟兹的大将羯猎颠立刻起而响应，并且封闭国境，不准龟兹王回国，龟兹王只好在边界等待，结果死在边界。唐朝于是又动员大军，于唐高宗显庆二年（657）讨伐阿史那贺鲁，俘获阿史那贺鲁并将他押送回长安，羯猎颠逃脱。次年，唐再出动大军，击杀羯猎颠，重新拿下龟兹。唐朝声威由此大震西域，于阗、疏勒等天山南麓各绿洲国家纷纷归附唐朝，成为唐朝的属国。唐朝即于显庆四年（659）把龟兹、碎叶、疏勒、于阗正式称为安西四镇，天山南北尽属唐朝。

葱岭以西、河中粟特诸绿洲国家，阿姆河流域的吐火罗等十六国也纷纷遣使朝唐，成为唐朝的属国。

大唐帝国既拥有广义、狭义的西域，彼此在文化上必有相当的交流，原突厥控制下的西域也受到唐朝的影响。唐太宗的开疆拓土成就了大唐盛世，大唐帝国传播了中原文化、文物，吸纳了西域的文化。而隋唐则形成了充满少数民族特色的璀璨文化。

唐设西域国家都督府

国名	都督府	史传		地理志	
		时间	领州	时间	领州
吐火罗	月氏都督府	显庆三年（658）	二十四	龙朔元年（661）	
嚈哒	大汗都督府			龙朔元年	十五
诃达罗文	条支			龙朔元年	九
解苏	天马			龙朔元年	二
骨咄施	高附都督府			龙朔元年	二
罽宾	修鲜都督府	显庆三年	十一	龙朔元年	九
帆延	写凤都督府	显庆三年	五	龙朔元年	四
石汗那	悦般州都督府			龙朔元年	一
护时犍	奇沙州都督府			龙朔元年	二
但没	姑墨州都督府			龙朔元年	一
乌拉喝	旅獒州都督府			龙朔元年	无领州
多勒建	昆墟州都督府			龙朔元年	无领州
俱蜜	至拔州都督府			龙朔元年	无领州
护蜜	鸟飞州都督府	显庆三年		龙朔元年	一
久越得犍	王庭州都督府			龙朔元年	无领州
波斯	波斯都督府	显庆三年	无领州	龙朔元年	无领州

第十章

隋唐盛世胡风炽

中国历朝历代中，最值得世人夸耀的，莫过于汉、唐。隋朝国祚虽然短暂，但就长远的历史发展看，隋朝似乎是为唐朝的建立做准备，就历史文化而言，隋唐是连成一体的。

唐继隋而立，大唐盛世多元的文化，使其成为当时世界上最多姿多彩的国家。京城长安是当时世界上最繁荣的“国际都市”，令数万名各国留学生、胡商流连忘返。世界各地的商品，各民族的服饰、歌舞都出现在长安街头。

唐代胡风

隋、唐之所以能够包容并吸纳当时世界上各国、各民族的多元文化，有其族源的背景。在谈隋、唐吸纳胡族（在此指非汉族的其他民族）文化之前，有必要先将隋、唐开国者杨氏、李氏家族的渊源稍做探讨。

隋朝开国皇帝杨坚以及唐朝开国皇帝李渊的先人都曾经在由鲜卑族宇文氏创立的北周任官，而且都出身北方镇兵，杨、李二氏都有浓厚的胡族习尚。杨坚曾被北周皇帝赐姓“普六茹”氏，李渊的先人李虎则被赐姓“大野”氏，让他们即使不是胡族也染上了浓厚的胡风。

唐太宗任内威服四周胡族，诸胡尊其为“天可汗”，这是一项前所未有的殊荣，也说明了当时文治武功之盛。大唐皇室染有浓厚的胡族习俗，再加上对自身的强大充满自信，对一切外来的文化采取开放、接纳的态度，让唐朝文化因此充满异域风情，形成多元而璀璨的大唐文化。

唐朝的文武大臣出身胡族的不胜枚举，长孙无忌、于志宁、豆卢钦望、宇文士及和元稹等人都是源于鲜卑族，阿史那社尔、执失思力是突厥人，契苾何力、仆固怀恩及浑瑊是高车人，哥舒翰是西突厥人，安禄山、安思顺及史思明是中亚昭武九姓胡人，刘禹锡是匈奴族后裔，白居易是西域胡人（极可能是羯族），论弓仁是吐蕃人，尉迟胜也是西域胡人，李光弼、王武俊是契丹人，李抱真、李抱玉兄弟及骆元光也是西域人，泉献诚是高句丽人，李宝臣、史宪诚是奚族，李多祚、李怀光是靺鞨人，等等。

唐朝文化璀璨夺目，不少胡族也为它注入了新鲜血液。擅长绘画的尉迟乙僧可能是来自中亚的康国，著名的音乐家曹保也可能来自中亚的曹国，米嘉荣则可能来自天竺。这些只是在文献上容易查到的，史传未载的可能更多，可见有唐一代用人唯才，不以地域、族别自我设限。在朝为官或为宫廷贡献音乐、绘画技艺的胡人就有这么多，可以想见在民间的胡人何其之多。这也许就是大唐文化多元而璀璨的原因吧！

大食国人陶俑

此为唐代的大食国人陶俑，据传出土于陕西省西安市，现藏于中国国家博物馆。“大食”即今阿拉伯帝国，从这些陶俑可看出当时世界上两大帝国的交流与融合

唐三彩胡人俑

现藏于陕西咸阳唐乾陵博物馆

饮食胡化

自西汉派张骞出使西域后，许多西域的食物就出现在中原百姓的餐桌上。《博物志》《太平御览》及《续汉书》等历史文献就分别记载：

张骞通西域，乃得蒲桃种。

汉征匈奴，取其胡麻、稗麦、苜蓿、蒲桃，亦以广地也。

（东汉）灵帝好胡服……胡饭……京师贵人，争竞为之。

从上面这几条史料可以看出，从两汉开始，许多胡人的食物已经慢慢地在中原社会传开。自东汉、魏晋南北朝而至隋唐，中原地区的人在饮食习惯上融入了许多胡人的食品以及胡人的烹调、酿制方法，可惜大部分历史文献只做笼统的记载。如《续汉书·五行志》记载东汉灵帝好“胡饭”，至于“胡饭”究竟是什么样子，今日已难以考证。

隋、唐对于“胡饭”就有了较详细的描述，唐人段成式所撰《酉阳杂俎》[①]就具体地指出了当时唐朝富贵人家所流行的“胡饭”叫作“毕罗”，由于是食物，所以写作“饆饠”。

近代专门研究东西文化交流的学者向达考证，所谓毕罗是波斯文名为“pilaw”的食品，沿丝绸之路传入中国，在中亚和天山南北也读作“palauv”。毕罗传入中原后，被中原人称为“抓饭”，以牛肉、羊肉或鸡肉加在米饭中，再加上洋葱、番茄和胡萝卜等。毕罗色、香、味俱全，在突厥、回纥民族里是极其普通的主食，传入中原后竟成为唐朝社会富贵人家的一道佳肴（《唐朝长安与西域文明》）。

至于一般菜肴，据北魏贾思勰所著的《齐民要术》一书记载，其中提到许多北方胡族的食品都流传到中原。贾思勰于北魏后期至东魏（534—550）时撰成该书，下距大唐盛世不过百年，《齐民要术》中所提到的胡族食物仍流行于大唐社会。

西域胡族自有其配套的饮食方式，油腻的菜肴配上香醇的佳酿，可以说是绝佳组合。西域盛产葡萄，以葡萄酿成的美酒，让人闻了就垂涎欲滴，色彩艳丽的葡萄酒倾倒在夜光杯里，在明亮的月光下慢慢品尝，光是这个气氛就令人陶醉不已，无怪乎唐诗里有“葡萄美酒夜光杯”这样令人诵吟千古的名句。

唐朝除葡萄酒外，还有源自波斯的“三勒浆颜酒”，三勒是指黄摩勒、毗梨勒及河梨勒，可惜文献不足，无法详细描述何谓三勒浆颜酒。此外，还有一种将羊髓加在酒里面加热待温后饮用的酒，这种酒称之为“丑未觞”。

早在北齐时，有一种叫作叵罗的酒杯传进中原。《北齐书·卷三十九·祖珽传》就记载有这种杯子，大意是说有一次高欢赐宴僚属，

① 此书共二十卷，另有续集十卷，分门辑事，极具参考价值。

唐代酒器

唐人饮酒对酒具也很讲究，制作酒器的材料有很多是来自胡族的，如玉、玛瑙、琥珀等。李白的《客中行》就提到玉做的酒器：

兰陵美酒郁金香，玉碗盛来琥珀光。

但使主人能醉客，不知何处是他乡。

至于酒器的形状也是千奇百怪，如以玛瑙制作形如牛头且镶上金箔的酒杯。另有被称为“叵罗”的酒杯，可惜它的真实形状目前已经难以了解。

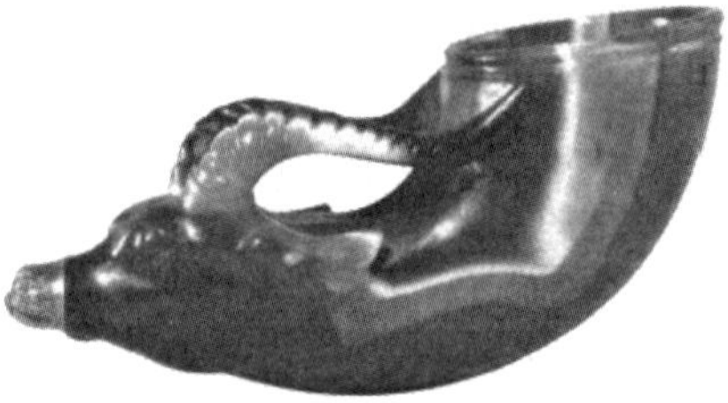

镶金牛头玛瑙杯

用的是叵罗杯，后来发现遗失了一个，于是就命所有参加宴会的人都脱下帽子检查，结果在祖珽的发髻中找到了遗失的叵罗杯。可见这种叵罗杯一定很小，否则无法藏在发髻里。

李白的《对酒》中就提到叵罗杯，叵罗有时也音译为颇罗，这首诗也提到了葡萄酒：

葡萄酒，金叵罗。

吴姬十五细马驮，

青黛画眉红锦靴。

道字不正娇唱歌，

玳瑁筵中怀里醉。

芙蓉帐底奈君何？

《齐民要术》中的“胡食”

《齐民要术》中提到的胡族食物有以下几种：

羌煮，顾名思义，来自羌族。羌煮在由羌族建立的后秦宫廷里可说是一道珍贵的佳肴，据说常吃还具有养颜美容、壮阳的效果。做法是先将一个煮好的鹿头用水冲洗干净，然后切成两指大小，再将猪肉剁成肉酱，用葱段、姜末加上橘皮以及少许辣椒和切好的鹿头肉放在锅里，加水、加醋、加豆豉一起煮，一直煮到软烂为止。据说羌煮吃起来比牛肉嫩，闻起来比羊肉香。

貊炙，这是北方胡族经常食用的佳肴，通常叫作烤全羊或烤全牛。只是富贵人家只取牛、羊身上最嫩的部位，烤到六七分熟，既鲜嫩又多汁，隋唐时代富贵人家流行貊炙。原先北方游牧胡族对餐具不甚讲究，因为他们逐水草而居，陶瓷制品容易破碎，所以多以木碗装盛。可是到了北朝就不同了，对盛放貊炙的盘子极为讲究，一定用精细的瓷盘，这种专门用来盛放貊炙的盘子称为“貊盘”。

胡乐胡舞

隋唐的歌舞娱乐更是弥漫着浓浓的胡风。隋唐时的音乐雅俗共赏。

所谓雅乐就是中国传统的庙堂音乐，多半用钟、鼓之类的打击乐器，单调而缺少起伏；歌、词多是仿古体的诗句，义正而词严，庄严肃穆，多用于国家祭典或朝会时。俗乐则轻松活泼，俗乐中以燕乐（也称宴乐）为主，顾名思义，就是在宴会中使用的音乐。隋、唐时国家设有专司音乐的机构，如太常寺、教坊司及梨园等，集中了大批优秀的音乐、舞蹈艺人，从事各种演艺活动。

隋朝初期，燕（宴）乐设七部，这七部乐里除了清商、文康两部是汉族或中国传统音乐外，其余五部全是胡乐。

不仅如此，其间未能独立成为一部的还有康国、突厥、今日本的倭国、今朝鲜半岛的百济和新罗、疏勒、今柬埔寨扶南等地的音乐流行于中原。到隋炀帝时，将这些音乐加以调整，扩大编制为九部，就是清乐（原来

文苑图

描绘盛唐诗人王昌龄与诗友李白、高适等人在江宁琉璃堂吟诗唱和的情景。由五代周文矩绘，卷画，绢本设色，高 37 厘米，宽 58.5 厘米。北京故宫博物院藏。周文矩（约 907—975），句容（今江苏省境内）人，南唐后主李煜时任画院翰林待诏

的清商乐）、西凉、龟兹、天竺、康国、疏勒、安国、高句丽及礼毕（原来的文康伎）九部。在这九部中，有七部是胡乐，可见在隋朝的民间俗乐中，胡乐所占地位之重。

唐玄宗精通音律，所以特别喜爱音乐，他扩大教坊规模，分为内、外两部，外坊在长安设了两所，洛阳也设两所，内坊和梨园则设在宫廷里，由宫廷派内官管辖。唐朝更将音乐整编为以下九种：

一、燕乐

二、清商乐

三、西凉乐

四、天竺乐

五、高句丽乐

六、龟兹乐

七、安国乐

中唐《胡旋舞》石刻

八、疏勒乐

九、高昌乐

从上列音乐里，可以很清楚地看到，除燕乐、清商乐外，其余全是胡乐，可见隋唐音乐胡风的炽盛。

自汉武帝独尊儒术、罢黜百家以来，儒家思想成为中原社会的主流思想，在儒家思想的影响之下，乐舞大多严肃、端庄，歌词严谨，舞姿拘束。而西北边疆胡族终日面对的是一望无尽的大草原，天生豁达乐观，他们的舞蹈开朗活泼，动作夸张，给人一种尽情奔放的感觉。西域石国的胡腾舞，舞姿狂放，似乎要把全身的精力都释放出来；胡旋舞倩影轻盈、舞姿曼妙，相当吸引人。相传杨贵妃就善于跳胡旋舞，安禄山尽管身材

白居易之《胡旋女》

胡旋女，胡旋女，心应弦，手应鼓。
弦鼓一声双袖举，回雪飘飖转蓬舞。
左旋右转不知疲，千匝万周无已时。
人间物类无可比，奔车轮缓旋风迟。
曲终再拜谢天子，天子为之微启齿。
胡旋女，出康居，徒劳东来万里余，
中原自有胡旋者，斗妙争有尔不如，
天宝季年时欲变，臣妾人人学圜转，
中有太真外禄山，二人最道能胡旋，
梨花园中册作妃，金鸡障下养为儿，
禄山胡旋迷君眼，兵过黄河疑未反。
贵妃胡旋惑君心，死弃马嵬念更深，
从兹地轴天维转，五十年来制不禁。
胡旋女，莫空舞，数唱此歌悟明主。

近于痴肥，但跳起胡旋舞却能旋转自如。据文献记载，唐玄宗天宝年间（742—756），西域康、米、史诸国进献“胡旋女”舞蹈时，舞者站在锦毯上旋转不已，快如旋风，令人目不暇接，非常好看。这种舞很快便在长安以及一些大城市流传开来。

盛唐时期民间流行脱浑舞，相传此舞来自西域，舞者出场时，穿着彩色衣服，骑着高大的马，各自拿着旗帜，当鼓声响起后，这些舞者下马，戴上面具，脱下一件件衣服，直到赤裸为止，然后往彼此身上泼水，一方面要将水泼在对方身上，一方面又要躲闪对方的泼水，形成跳跃追逐。因为是在冬季举行，所以又叫作“乞寒”，由于表演者几乎都是胡族，所以也叫作“泼寒戏胡”。这种音乐称为《苏幕遮》，舞则称为“脱浑”。

隋唐时流行的乐器有许多都是来自胡族，如胡笳、琵琶、筚篥、箜篌、羯鼓等都是来自胡族。

从岑参的《胡笳歌送颜真卿使赴河陇诗》一诗中也可以看到当时胡乐的盛行，全诗如下：

君不闻胡笳声最悲，紫髯绿眼胡人吹。
吹之一曲犹未了，愁杀楼兰征戍儿。
凉秋八月萧关道，北风吹断天山草。
昆仑山南月欲斜，胡人向月吹胡笳。
胡笳怨兮将送君，秦山遥望陇山云。
边城夜夜多愁梦，向月胡笳谁喜闻。

户外运动方面，打马球在唐朝可以说是一项很普遍的户外活动。相传马球源于北方胡族。参与者都骑在马上，手里拿着像现在打曲棍球的棒子，在骑马奔驰中以棒子打球，不让球落入对方控制中。唐玄宗就擅长打马球，在他还是太子时，就是打马球的高手，据封演在所撰的《封氏闻见记》一书中，就盛赞玄宗打马球时“东西驰突，风回电激，所向

苏幕遮

“苏幕遮”或作“苏莫遮”“飒磨遮”及“苏摩遮”，原是梵语，从天竺传入西域，再由西域传入中土。苏幕遮是乐曲的名称，后世引申为词牌名。唐代诗人张说曾有诗说出“苏幕遮”的由来，全诗共五首，如下：

摩遮本出海西胡，琉璃宝服紫髯须。
闻道皇恩遍宇宙，来将歌舞助欢娱。

绣装帕额宝花冠，夷歌骑舞借人看。
自能激水成阴气，不虑今年寒不寒。

腊月凝阴积帝台，豪歌击鼓送寒来。
油囊取得天河水，将添上寿万年杯。

寒气宜人最可怜，故将寒水散庭前。
惟愿圣君无限寿，长取新年续旧年。

昭成皇后帝家亲，荣乐诸人不比论。
往年霜前花委地，今年雪后树逢春。

无前”。

打马球这种充满阳刚之气的运动，不但在男子中风行，在女子中也流行开来，当时剑南（约在今四川省）节度使就设有女子马球队。《旧唐书·卷六十七·郭英义列传》就提到“一聚女骑驴击球，制钿驴鞍及诸服用，皆侈靡装饰，日费数万，以为笑乐”。

女子打马球的风气一直延续到五代十国时期。后蜀时宫廷中也有女子马球队，后蜀花蕊夫人费氏曾有一首宫词提到女子马球：

自教宫娥学打球，玉鞍初跨柳腰柔。

上棚知是官家队，遍遍长赢第一筹。

双陆（或作双六），在北魏后期就传入中原，起初叫作“握槊”，到隋唐时大为流行。棋盘左右各有六行道，所以叫作双陆。两人对弈，各有十五支马，马作锥形，分黑白两种，有点儿像后来的国际象棋。两人分持黑白，掷骰子，胜者（点数大的）先行，白马从右到左，黑马从左到右，谁先将马走到反方向就算赢了。当时双陆极为流行，因为设备简单，场所不拘，宫廷、富贵人家或一般老百姓都能把玩。当时人认为双陆是智者的游戏，如唐初诗人王梵志在诗中就说：“双陆智人戏，久后与仙通。”

以上的一些事例只是文化习俗中的一小部分，但反映出胡族文化对于中原王朝的影响。胡族文化融入隋唐盛世之中，是大唐璀璨文化之中的一颗明珠。

内人双陆图

双陆是一种掷骰行棋的游艺。据传，此游艺始于天竺（即今印度），流行于魏晋，盛于隋唐，尤为贵族、闲雅者所喜好。图中两位盛装贵族妇女对坐行棋，左右有亲近观棋，侍婢伺候。原作画家为唐人周昉，此图为宋人摹本